Hans Jürgen Heringer

— —

Bewegtes Deutsch
Quiz

Hans Jürgen Heringer

Bewegtes Deutsch

Ein Sprachquiz

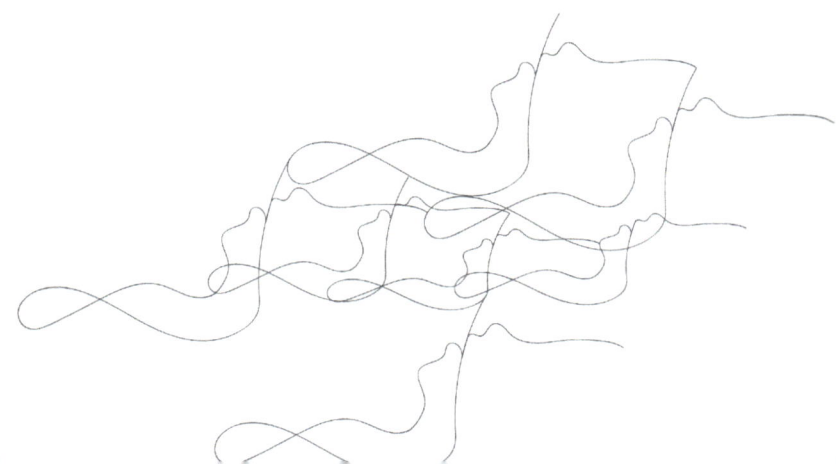

Bibliografische Information der Deutschen Nationalbibliothek
Die Deutsche Nationalbibliothek verzeichnet diese Publikation in
der Deutschen Nationalbibliografie;
detaillierte bibliografische Daten sind im Internet über http://
dnb.dnb.de abrufbar.

Verlag und Druck:

tredition GmbH, Halenreie 40-44, 22359 Hamburg

ISBN 978-3-347-41978-0 (Paperback)

ISBN 978-3-347-41979-7 (Hardcover)

ISBN 978-3-347-41980-3 (e-Book)

Inhalt

Zur Einleitung

Deutsch ist eine reiche Sprache. Sie hat eine aus-
gefeilte Grammatik und einen immensen Wortschatz. Niemand weiß, wie groß der ist.
Wir können ja – jeder* von uns – einfach neue
Wörter bilden und wir bilden auch ständig welche.
Doch wir schauen auch über die Grenzen.
Deutsche haben immer über die Grenzen geschaut und geschaut, was da zu holen ist. Oft
mussten wir gar nicht so weit gehen. Es kamen ja
schon lange Menschen mit ihrer Sprache zu uns.
Mal als Eroberer, mal als quasi Eroberte.
Solche Eroberer müssen nicht immer kriegerische
gewesen sein. Es gab auch sanfte, die uns mit
ihrer Kultur überzeugt haben. Da haben wir dann
nicht nur Sprachliches übernommen, sondern
auch das Geistige, das daran geknüpft war, ja in
dem die Sprache doch eigentlich bestand.

Nun aber zu diesem Buch. Was machen Sie damit? Wozu ist es gut? Im Normalfall oder auch als
erstes versucht man sich allein. Man schaut, was
man alles locker löst.

Da gälte es auch schon mal aufzupassen. Die Fragen tragen oft Infos in sich, die wohl behaltenswert wären. Und dann sind sie öfter auch etwas knifflig formuliert. So müssen Sie aufpassen, ob etwa ein *nicht* drinsteht.

Da gilt es schon mal etwas zu überlegen. Ja, und bei den Lösungen? Es ist nicht einfach falsch, was im Quiz hier als falsch gewertet wird. Auch aus dem vordergründig Falschen kann man lernen. Es kann an anderer Stelle und unter anderer Fragestellung auch richtig sein. Darum sind die Lösungen – die Sie ja immer bekommen – auch nicht einseitig.

Sie müssen übrigens nicht allein spielen. Ich meine nicht, dass ihr zu zweit in ein Buch schauen müsst. Ihr könnt nacheinander spielen und euch austauschen. Oder schon während eine spielt, kann der andere mitreden.

Und man kann natürlich immer reden, über die Aufgaben, die Wörter, die Lösungen und über das ganze Quiz.

Übrigens, im interaktiven ePub bekommen Sie feedback on time.

1. Wirklich fremd?

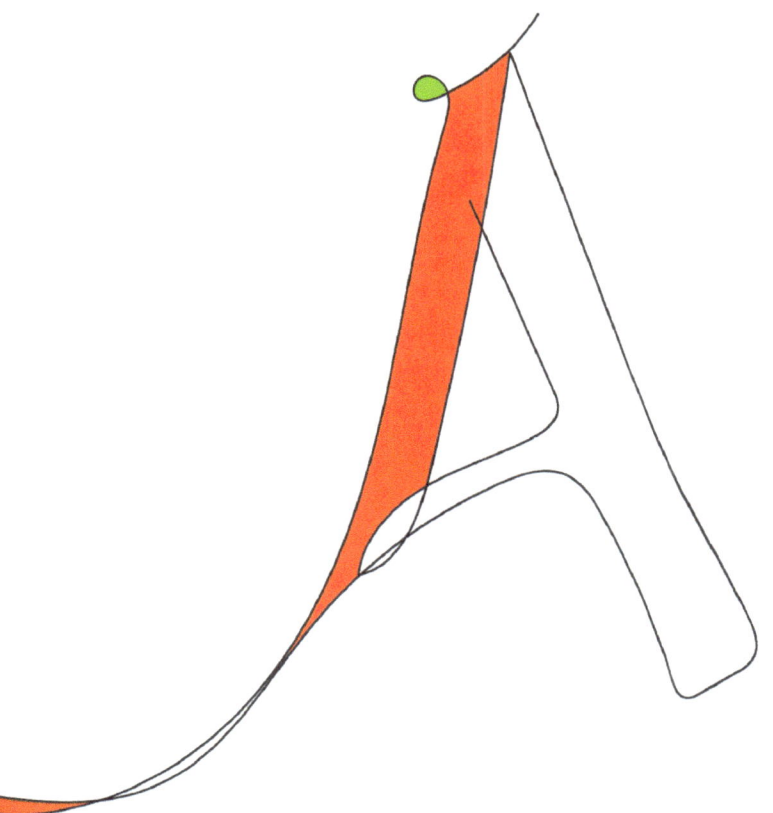

1. Sprache ist immer in Bewegung.

Sprachen ändern sich ständig. Eigenes Neues zu machen ist oft schwer, geht meist gar nicht.

Wir bedienen uns bei anderen. Anderen Sprachen und anderen Kulturen.

Vor allem mit neuen Sachen, mit besonderen Sachen und mit neuen Gewohnheiten kommen dann auch die Wörter.

> Nicht eigentlich, dass sie kommen,
> Sie werden genommen.

Im 17. Jahrhundert, als es noch viel um die Ehre ging, da hat man Ehrenhändel im Zweikampf ausgetragen, der oft auch tödlich endete.

Da brauchte man ein sprechendes Wort und nahm es aus dem Latein: Duell.

Wieso ging das?

☐ Viele konnten noch Latein.

☐ Es war bei den Römern schon üblich.

☐ Die Sache war ja bekannt.

2. Aber Halbgebildete brauchten auch
Eselsbrücken für die Bedeutung.
Es ging doch immer um zwei.
Also was sollte da wohl drinstecken?

☐   du
☐   due
☐   dos

3. Das ging gut. Man kannte ja noch mehr
passende.
Was hätte da eher nicht geholfen?

☐   Duo
☐   Dussl
☐   Duett

4. Ja, und wie die Zeiten sich ändern und alles
humaner wird, da duellierte man sich auch mit
Worten statt mit scharfen Waffen.
In der Politik geht es neuerdings nicht mehr nur
um zwei, sondern auch mal um drei.
Also dann veranstalten wir

☐   ein Dreiell
☐   ein Triell
☐   ein Trial

5. Und wenn alles weiter fortschreitet, was machen wir dann als Gebildete eher nicht?

- ☐ ein Quatrell
- ☐ ein Viertell
- ☐ ein Tesserell

6. Nur so gebildet sind die Einbildner nicht.
In Duell steckt gar nicht zwei.
Viele meinen, sie wüssten, was in Wörtern steckt.
Wie nennt man das Ergebnis derartiger Einbildungen?

- ☐ Tohuwabohu
- ☐ Larifari
- ☐ Volksetymologien

7. Mit den Fremdwörtern haben wir alle unsere Probleme (hui schon wieder eines, das wir brauchen!).
Hören wir eines, erkennen wir es oft am Klang.
Hier bitte ein saftiges. Kannst du es richtig aussprechen?
Bouillabaisse
So ähnlich bitte: Bulljabess. Was bedeutet es?

- ☐ französische Fischsuppe
- ☐ französischer Wein
- ☐ französische Kleidung

8. Wenn man Fremdwörter richtig verwenden will,
kann es nützlich sein, zu wissen,
woher sie kommen.
Da kann die Schreibung helfen.
Ingenieur
Es ist zwar weit rumgekommen, man sieht ihm
aber leicht an, woher es kommt.

☐   aus Frankreich
☐   aus England
☐   aus Spanien

9. Nochmal zur Herkunft eines Fremdworts.
ausgebaute Landstraße
Woher sie im 18. Jahrhundert wohl kam, die
Chaussee?
(Und da war sie steinalt – aus dem Gallischen!)

☐   aus Frankreich
☐   aus England
☐   aus Italien

10. Die Sache kennst du hoffentlich und das richtige Fremdwort auch? Echt italienisch. In der Bar ist es einfach. Du bestellst einfach einen Cappuccio oder einen Kapputtscho. Der Barmann weiß es scho.
Aber bei der Schreibung, da kann man schon mal Schwierigkeiten bekommen. Also
Kaffee mit aufgeschäumter Milch
Was wäre korrekt?
Tipp: c vor a = k und c vor i = tschi.

☐   Kappucino
☐   Cappuccino
☐   Capuccino

11. Wieder gewisse Probleme mit der Aussprache. Wäre es groß geschrieben, könnte es gut deutsch sein.
Sicher kennst du das Wort und sprichst das g auch richtig aus.
Auch die Betonung am Ende:
leger
Was aber bedeutet es?

☐   leidvoll, traurig
☐   lässig, locker, ungezwungen
☐   verzwickt

12. Es hat entfernt was mit der Lanze tun, stammt auch aus der Familie.
Allerdings direkt geworfen wird da nichts.
Kennst du das Wort:
lancieren
Was aber bedeutet es?

☐ gezielt in der Öffentlichkeit verbreiten

☐ rauswerfen

☐ mit der Lanze kämpfen

13. Hier haben wir ein Fremdwort, das typisch endet wie einige andere.
Wofür typisch?
Zum Umgang mit Fremdwörtern gehört: Man muss die Bedeutung kennen.
Sicher kennst du das Wort:
>> Karambolage
Und immer bleibt die Bedeutung wichtig.
Was bedeutet es?

☐ Blödsinn

☐ Caramba intensiv

☐ Zusammenstoß von Autos

Equipage – Patronage – Massage – Garage –
Bandage
und die ganze Bagage

14. Auch hier kann man vermuten,
woher das Wort kam.
Pflanze, die man als Salat oder Gemüse essen kann
Die Schreibung zeigt schon etwas. Woher kam er,
der Chicorée?

☐ aus Belgien
☐ aus Frankreich
☐ aus Holland

15. Ahnung von Duden und Blasen?
Hier wieder das typisch französische ou für u.
Deutsch kann man das Wort schwerlich schreiben.
Bourgeoisie
Was wäre noch am besten? Aber eklig.

☐ Burschoasie
☐ Buschossie
☐ Burchoissie

16. Dieses Fremdwort wird noch halb französisch
gesprochen und schreibt sich:
Bombardement
Das t am Ende bleibt stumm. Was bedeutet es?

☐ Bombenangriff
☐ Durchfall
☐ Wassereinbruch

17. Das folgende Fremdwort hat man auch schon mal deutsch geschrieben.

Bouteille

Ob es genauso gesprochen wird? Auf kroatisch bestimmt.

- ☐ Bottlje
- ☐ Buuttelle
- ☐ Butelje

18. Dieses Fremdwort ist seit ewig bei uns, wird immer französisch ausgesprochen:

Bon

Was hört man da?

- ☐ einen Diphthong
- ☐ einen Zwielaut
- ☐ einen Nasal

19. Hier wieder eines mit bon (= gut), noch leicht französisch gesprochen:

Bonmot

Aber am Ende typisch:

- ☐ ein e fehlt
- ☐ t wird nicht gesprochen
- ☐ das witzige Wort

20. Richtig aussprechen mit deutscher Umschrift?
Boulevard
Was ginge da noch am besten?
- ☐ Bullwar
- ☐ Bullefahrt
- ☐ Bullvard

21. Sicher kennst du das Wort.
Vorne mit sch auszusprechen.
Jury
Und innen das ü. Was aber bedeutet es?
- ☐ Bericht, der auf billige Effekte abzielt
- ☐ Preis- oder Kampfrichterkollegium
- ☐ Musikautomat mit Schallplatten

22. Natürlich wieder ein Fremdwort. Kannst du es richtig aussprechen?
Bouquet
Was bedeutet es?
- ☐ großes Festessen
- ☐ Bierverkostung
- ☐ kunstvoll gebundener Blumenstrauß

23. Etwas Zeitvertreib für Frankreichspezialisten.
Boule
Was bedeutet das Wort?
- [ ] französisches Tischfußball
- [ ] französischer Wein
- [ ] französisches Spiel: mit Stahlkugeln

24. Französische Fremdwörter haben wir Deutsche schon früh übernommen.
Nun geht es aber immer öfter um englische.
Du kennst das Wort:
Interview
Es wird wohl so ähnlich ausgesprochen: Intervju.
- [ ] ein Reporter befragt jemanden
- [ ] Liebeserklärung
- [ ] man spricht ein Abendgebet

25. Die englischen lassen sich im Deutschen leicht integrieren. Hier schon eine deutsche Ableitung zu einem englischen Nomen.
Du kennst das Grundwort und auch das Verb?
lunchen
Was aber bedeutet es?
- [ ] zu Tode bringen
- [ ] lancieren
- [ ] zu Mittag essen

26. Und wieder ein alt bekanntes.

Seit dem 16. Jahrhundert im Deutschen und natürlich aus dem Französischen.

logieren

Es hat zwar was mit Loge zu tun. Aber ganz so fein geht es nicht her.

Wie kann man es umschreiben?

☐   wenn Rockmusiker frei improvisieren

☐   vorübergehend wohnen

☐   besonders vornehm wohnen

27. Das hatten wir schon. Kannst du es richtig aussprechen?

Bouquet

Ein Blumensträußchen und auch eins aus Gewürzkräutern.

Womit könnte man das leicht verwechseln?

Na ja, eigentlich nicht verwechseln. Es ist die Form, in der du es im Duden findest.

☐   Brikett

☐   Ballett

☐   Bukett

28. Dieses Verb kannst du gewiss richtig aussprechen?

boomen

Was bedeutet es?

☐ einen Boom erleben

☐ Bumm erleben

☐ boummsen

29. Die hier ist was aus einer bestimmten Zeit. Vielleicht 68er?

Joint

Wofür stand es? Steht es?

☐ gemeinsames Mittagessen

☐ Handbuch zu einer Software

☐ Haschisch-Zigarette

30. Und hier noch die

Lounge

Was bedeutet das Wort, das schon früher aus dem Englischen importiert wurde?

☐ Abhängen

☐ Höhepunkt

☐ Hotelhalle

31. Du weißt, was das ist? Man hatte es in verschiedener Qualität.
Boxcalf
Was bedeutet es?

☐ Kalbsleder
☐ Kalbsleber
☐ Ikeabox

32. Für feine Schuhe wurde es hergestellt. Die mussten dann über Jahre halten.
Und wie würdest du es aussprechen?
Boxcalf

☐ Bockskaaf
☐ Bockskalb
☐ Boxkalb

33. Vielleicht lernst du was zur Bedeutung und Schreibung. Wähle die korrekte.
gesellschaftlich oder beruflich begünstigen und fördern

☐ proteschieren
☐ proteshieren
☐ protegieren

34. Hier bitte ein spezielles. Es schreibt sich nach Duden:

Boheme

Was bedeutet es? Irgendwie fragt man sich: Was hat das mit Böhmen zu tun? Kamen von daher so viele nach Paris?

- ☐ ungebundenes Künstlerdasein
- ☐ Leben in Böhmen
- ☐ Sportlerheim

35. Mit französischem Essen hatten wir es schon bei der Bouillabaisse.

Als Feinschmecker kennst du auch dieses Wort. Es ist unglaublich schwer zu schreiben.

Horsd'oeuvre

Zuerst mal: Was bedeutet es?

- ☐ der wahre Horror
- ☐ Wundertafel
- ☐ kleine appetitanregende Vorspeise

36. Erkennst du das Fremdwort: ballancieren? Selbst wenn es wie hier falsch geschrieben ist? Wie wäre es richtig zu schreiben?

- ☐ ballanzieren
- ☐ balansieren
- ☐ balancieren

37. Wieder was aus der Küche? Du kennst das Fremdwort? Und den Geschmack? Dann weißt du auch, wie es bestimmt nicht geschrieben wird.
sehr scharfes, überwiegend aus Chili hergestelltes Gewürz
☐	Cayennepfeffer
☐	Cajennepfeffer
☐	Cayenne-Pfeffer

38. Dies hier ist natürlich italienisch. Wo ist es richtig geschrieben?
Klingt da nicht kapriziös an?
K im Italienischen selten. Nur im modernen Slang!
heiteres, eigenwilliges Musikstück
☐	Kapriccio
☐	Capricio
☐	Capriccio

39. Sehr oft falsch geschrieben? Vor allem das Dächlein, der accent circonflexe.
Doch hier einmal ganz richtig. Welches?
Schloss, Burg
☐	Chaoto
☐	Chateau
☐	Château

40. Wieder ein falsch geschriebenes. Ein ck gibt es im Französischen eher nicht.
wer beruflich Innenräume, Schaufenster gestaltet
- ☐ Deckorateur
- ☐ Deckoratör
- ☐ Dekorateur

41. Die Nachsilbe ist nicht selten. Sie wird aber auch unterschiedlich geschrieben, bei voll inte-grierten Wörtern wie Frisör, das der Duden zulässt, sogar für moderner hält.
Der Bedeutung das richtige Wort in der korrekten Schreibung zuordnen.
Es geht aber nicht um den Nachtisch. -;)
Soldat, der sich unerlaubt von der Truppe entfernt
- ☐ Dessertör
- ☐ Deserteur
- ☐ Desserteur

42. Nochmal italienisch. Achte auf die Schreibung am Anfang.
italienische Weinsorte nach der Herkunft
- ☐ Cianti
- ☐ Kianti
- ☐ Chianti

43. Zum gekonnten Umgang mit Fremdwörtern gehört nicht nur die korrekte Schreibung. Man muss hier Ci und Chi unterscheiden.
Und vor allem beim Vorlesen.
Wie also wird sie gesprochen, die italienische Weinsorte

- ☐ Cianti
- ☐ Kianti
- ☐ Chianti

44. Hautevolée haben wir mal so geschrieben. Das wäre eher französisch. Wer Ahnung hat von Duden und Blasen, wie würden die es schreiben?

- ☐ Hautevolé
- ☐ Hautevolee
- ☐ Haute Volee

45. Sicher kennst du das Wort. Wie gesagt: Es ist unglaublich schwer zu schreiben.
Horsd'oeuvre
Die Bedeutung hatten wir schon. Aber so viel französische Schreibspezialitäten. Was wäre hier nicht so speziell?

- ☐ Auslassungszeichen
- ☐ Vokalverbindung
- ☐ -re als Endung

46. Lass dich nicht irritieren. Du kennst das Fremdwort. Aber es stammt aus einer anderen Zeit. Es hat mit wärmen und heizen zu tun.
Wie und was wurde da geheizt?
Ja, am Anfang war es der Heizer, der die Dampf-maschine vorgeheizt hat.
jemand, der beruflich Personen mit dem Auto befördert ist

☐ ein Chauffeur
☐ ein Schofför
☐ ein Choiffeur

47. Hier bitte ein Fremdwort?
Es ist für dich natürlich kein Fremdwort?
Es ist so deutsch wie noch was!
Bonbon
Was hat es für dich bedeutet?
Aber im Deutschen bedeutet es bestimmt nicht?

☐ Süßigkeit zum Lutschen
☐ Alles gut!
☐ Bonobo

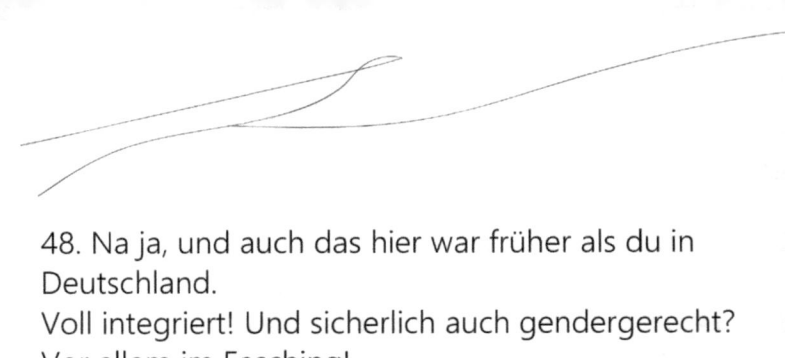

48. Na ja, und auch das hier war früher als du in Deutschland.
Voll integriert! Und sicherlich auch gendergerecht?
Vor allem im Fasching!
Rinderhirte in Amerika
Wähle das passende Wort!

☐　　Cowboy
☐　　Kauboy
☐　　Cowgirl

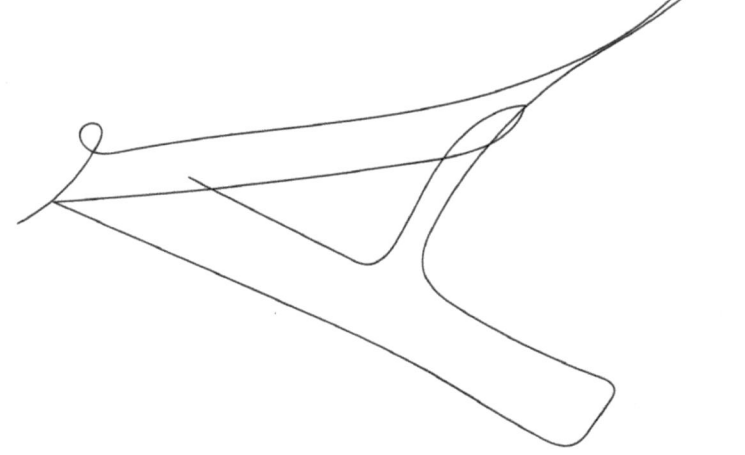

2. So nah und fremd?

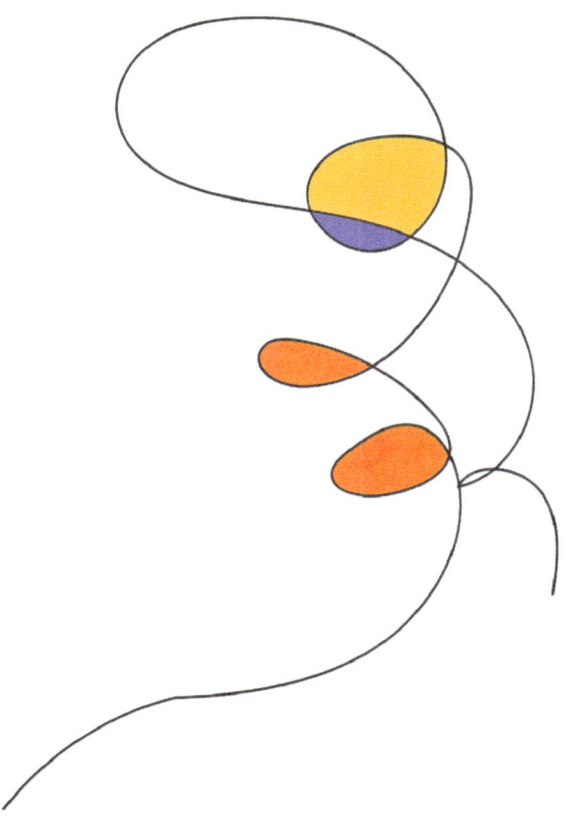

1. Das Deutsche hat sich über Jahrhunderte aus
vielen Quellen genährt.
Nicht alles, was schon deutsch klingt,
ist ursprünglich deutsch.
Das Deutscheste alles Deutschen: das Bier.
Man sieht es ihm nicht mehr an, aber es kommt
aus dem Lateinischen.
Wann könnte das gewesen sein?

☐　　um 600

☐　　etwa 1500

☐　　18. Jahrhundert

2. Eine Quelle, aus der früh Deutsch floss,
war das Latein.
Das begann schon im 8. Jahrhundert
– mindestens.
Solchen Wörtern sieht man meist gar nichts mehr
an. Sie sind vielleicht deutscher als deutsch.
Obwohl die hier alle ewig bei uns sind, könntest
du bei einem noch etwas Lateinartiges erkennen.
Bei welchem?

☐　　Maus

☐　　Frucht

☐　　Petersilie

3. Schon vor der Latein-Phase kamen aber griechische Wörter zu uns, das heißt zu unsern Vorvorvorfahren.
Das wichtigste nahm einen Umweg,
über die Goten. Da hieß es kirikka.
Was ist wohl daraus geworden?

☐   Kirche
☐   Krücke
☐   Krippe

4. Das Christentum brachte eine Schwemme neuer Wörter ab dem 8. Jahrhundert.
Was kam da eher noch nicht?

☐   Engel < angelus, aggelos
☐   Dom < domus
☐   Teufel < diabolus, diábolos

5. Später kamen Kissen, Pferd und Becher. Und was vorher noch writan = ritzen hieß, wurde nun

☐   reisen
☐   reizen
☐   schreiben < scribere

6. Die alten Germanen lebten in Holzhäusern.
Saßen im Dunkeln? Oder lebten draußen und
lagen auf dem Bärenfell?
Mit den Römern kamen andre Bauweisen zu ihnen.
Vor allem feste Wände.
Und durchlüftet und durchleuchtet von einem

- ☐ Fenster < finestrum
- ☐ Feuer < focum
- ☐ Licht < lucem

7. Die neue Bauweise hat uns noch mehr gebracht.
Was eher nicht?

- ☐ Mauer < murus
- ☐ Ziegel < tegula
- ☐ Zement < cementum

8. Nicht erst mit dieser Neuerung kam sie zu uns.
Du weißt, sie war schon lange da. Aber jetzt als
Maus.
Aus lateinisch

- ☐ mus > mus> maus
- ☐ muss > mau > maus
- ☐ mas > maas > maus

9. Und als die Maus erstmal bei uns war, da wurde sie äußerst fruchtbar und vermehrte sich.
Wo steckt sie eher nicht drin?

☐   Muschel
☐   Muskel
☐   Muse

10. Lateinisch fructus hat uns die Frucht geschenkt. Wir haben sie genossen und sie wurde äußerst fruchtbar.
Als Wortfamilie.
Was würde da unten rechts hingehören.

☐   fruchtbar
☐   Eierfrucht
☐   Meeresfrucht

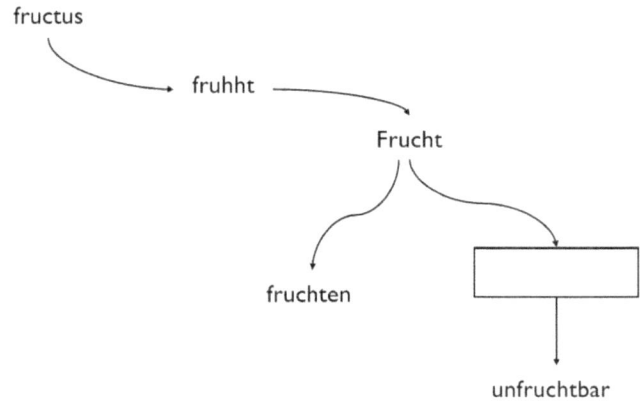

11. Und nochmal fructus > Frucht.
Was würde da unten hingehören.
☐   befruchten
☐   fruchtig
☐   fruchtbringend

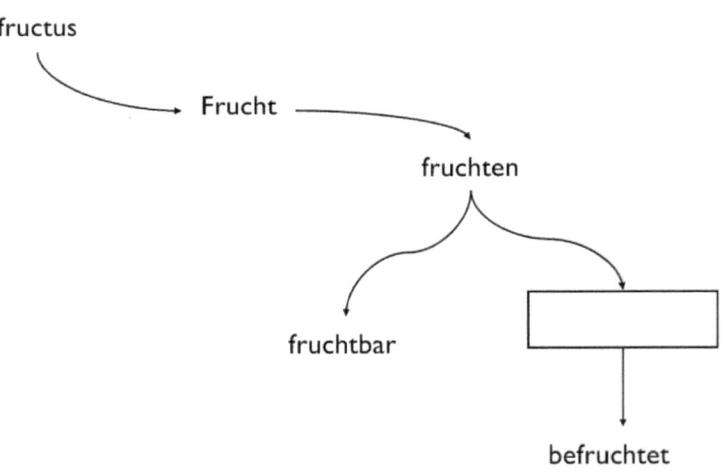

12. Wenn so ein Fremdwort schon lange bei uns ist und wir merken ihm die fremde Herkunft noch an, dann könnte es
☐   zum Lehnwort geworden sein
☐   zum Heimwort geworden sein
☐   zum Leihwort geworden sein

13. Lehnwörter sind eigentlich Fremdwörter.
Aber mit der Zeit wurden sie integriert.
Welches hiervon ist kein Lehnwort gewesen?

☐ klar
☐ Brief
☐ Ross

14. Lehnwörter wurden langsam angepasst, so dass wir sie nicht mehr als fremd erkennen.
Welches hiervon ist kein Lehnwort gewesen?

☐ Samstag
☐ Frau
☐ Pfingsten

15. Lehnwörter haben wir langsam eingepasst.
Was wäre eine gute Reihenfolge?
z = falsch, y = valsch, x = falsus

☐ x > z > y
☐ x > y > z
☐ y > x > z

16. Das deutsche Bier ging um die Welt.
Worin steckt es wohl nicht?

☐ spanisch cerveza
☐ italienisch birra
☐ französisch bière

17. Auch später war der religiöse Bereich vertreten.
Wer mehr wissen will, kann sich fragen:
Wann ist das Wort zu uns gekommen?
Münster aus lateinisch monasterium
Was schätzt du?
□   schon vor 800
□   12. Jahrhundert
□   Reformationszeit

18. Wann ist das Wort zu uns gekommen?
Was schätzt du?
Brief aus lateinisch breve = kurze Nachricht
So etwa?
□   schon vor 800
□   im 18. Jahrhundert
□   in der Ritterzeit

19. Ein kleiner Zeitsprung. Wann ist das Wort zu
uns gekommen? Weißt du es? Schätze ruhig.
Kaffee
Was schätzt du?
□   vor 1200
□   im 17. Jahrhundert
□   im 19. Jahrhundert

20. Aus dem Latein hat man sich auch später und immer wieder bedient.
Im 16. Jahrhundert ging man so weit, auch Familiennamen zu latinisieren.
Da ward dann auf einmal aus dem Müller der Molitor und der Bäcker wurde zum Pistor.
Das ist noch heute der Beruf in Bayern:

☐ Pfister

☐ Pastor

☐ Pfeiffer

21. So ab 1600 war dann das Französische dran. Da wurde zum Beispiel den Damen der Hof gemacht. (On fait la cour aux dames.)
Da brauchte man den entsprechenden, den sprechenden Wortstoff.
Da kamen Madame und Monsieur nach Deutschland, verschwanden aber später wieder.
Geblieben ist der Kavalier und die Maitresse. Das war und ist:

☐ die Meisterin

☐ die Nebenbeigeliebte

☐ die Liebe der feinen Leute

22. Ja, und wenn wir schon dabei sind.
Der Kaffee mit dem Wort. Woher kam er zu uns?

☐ aus Brasilien
☐ aus Italien
☐ aus der Türkei

23. Was denkst du, was aus dieser Zeit karessieren bedeutet?

☐ betatschen
☐ schmeicheln
☐ anmachen

24. Wieder so ein Fremdwort. Du kennst es?
>> Orange
Was bedeutet es nicht?

☐ es ist eine Art Kiwi
☐ es ist eine Zitrusfrucht
☐ es ist eine Farbe

25. So ab 1600 wurde es Mode, Fremdwörter zu jagen.
Was war wohl nicht die Idee der Jäger?
Worauf kam es ihnen weniger an?

☐ reines Deutsch
☐ alles Fremde raus
☐ sprachliche Schönheit

26. Ja, und die Orange hatte ein Verwandte. Die sieht so etwas gemischt aus: die Apfelsine. Vorne wunderbar deutsch und die Endung -sine sowas wie in Cousine oder Limousine?
Nein, ganz anders. Man dachte, die Frucht kommt aus China. Was klingt da für dich an?
☐   sinnieren
☐   Sinn
☐   Sinologie

27. Wie werden die Fremdwortjäger sinnigerweise mit einem Fremdwort benannt?
☐   Puristen
☐   Populisten
☐   Papisten

28. Was Besonderes hat es auf sich mit dem
>> Boykott
Das war ein gewisser Herr mit einer schönen Fabrik. Eines Tages fanden seine Produkte keinen Absatz mehr.
Der Grund war
☐   eine Wirtschaftsblockade
☐   ein Streik
☐   mangelhafte Ware

29. Ziemlich spät kam auch mal das englische dran.
Eines der eingeführten Wörter schreibt sich:
Boy
Was bedeutet es?

- ☐ Hotelier
- ☐ Hotelbediensteter
- ☐ Lieferant

30. Wir springen in die Moderne.
Diese hier kannst du natürlich richtig aussprechen?
Boom
Erinnert an Bumerang? Was bedeutet es?

- ☐ Wurfwaffe
- ☐ schneller wirtschaftlicher Aufschwung
- ☐ plötzlicher Niedergang

31. Für dieses gilt das Gleiche, aber nicht oo für u, sondern ea für i.
leasen
Was aber bedeutet es ungefähr?

- ☐ intensiv lehren und ausbilden
- ☐ schnelles Lesen
- ☐ ein Fahrzeug pachten

32. Ulkig gebildet scheint dieses Wort hier.
Wahrscheinlich wurde es schon so übernommen:
Jobhopping
Was aber bedeutet es?
☐ häufiger Wechsel der Arbeitsstelle
☐ sportlicher Weitsprung
☐ Absprung ins Leere

33. Und das hier haben wir alle von Zeit zu Zeit
nötig.
Brainstorming
Es bedeutet?
☐ Verwirrung
☐ Methode: spontan Einfälle sammeln
☐ Geistesverwirrung

34. Meistens wird das Englische als Lieferant mit
dem Amerikanischen in einen Topf geworfen.
Aber hier doch hoffentlich nicht.
Boogie Woogie
Gibt es den noch. Was ist es?
☐ Veitstanz
☐ flockiger amerikanischer Gesellschaftstanz
☐ importierter südamerikanischer Tanz

35. Was ist das für einer?
Agiert in einer bestimmten Truppe und gibt sich nicht als Agent zu erkennen
Wähle das passende Wort in korrekter Schreibung!
☐ Andercoveragent
☐ Undercaveragent
☐ Undercoveragent

36. Auch hier können wir den Fremdwortbedarf in bestimmten Bereichen erkennen.
Das Trinken
>> Brandy
Was bedeutet es?
☐ Weinbrand
☐ Sonnenbrand
☐ Diebesbande

37. Na dann:
prost!
Das passende Wort aus dem Englischen!
☐ cherio
☐ cheerio
☐ tschierio

38. Dann noch kurz zur Krankheit.
Heilungs-Methode eines kranken Blutgefäßes am Herzen
Wähle das passende Wort!
☐ BeipassOperation
☐ Baipass Operation
☐ Bypass Operation

39. Und hier eine Art Sport.
Das Erlebnis für wagemutige Junge.
aus großer Höhe runterspringen, gummiseilgesichert
Was passt?
☐ Bunjeejumping
☐ Bungeejamping
☐ Bungeejumping

40. Wieder englisch? Aus der Nuss?
>> scharfe Soße mit Gewürz- und Fruchtzusatz
Wähle das passende Wort!
☐ Chutney
☐ Chatney
☐ Chutnie

41. Magst du sie?

>> mit Salat belegt und mit Käse überbacken
Wähle das passende Wort!

- ☐ Schießburger
- ☐ Chessburger
- ☐ Cheeseburger

42. Erkennst du das Fremdwort? Selbst wenn es falsch geschrieben ist? Hier aber korrekt.

>> übersteigerte, übertriebene Vaterlandsliebe

- ☐ Schauvinismus
- ☐ Chovinismus
- ☐ Chauvinismus

43. Und jetzt wieder sprachlich fruchtbar der Chauvinist in Kurzform. Nicht mehr
Patriot mit übertriebener Vaterlandsliebe
Vielmehr ein

- ☐ Patriot
- ☐ Chauvin
- ☐ Antifeminist

44. Welches hiervon ist ein Numerale?

- ☐ zwei
- ☐ alle
- ☐ viele

45. Wenn Kinder schon Grammatik lernen mussten, dann wollte man es ihnen doch etwas einfacher machen. Dachte man.
Was wurde für Substantiv nicht verwendet?

☐　　Dingwort

☐　　Hauptwort

☐　　Sachwort

46. Und welches hiervon ist ein Zahlwort?

☐　　drei

☐　　einige

☐　　sämtliche

47. Bei den Satzzeichen haben sich manche halbdeutschen Ersatzwörter durchgesetzt.
Was wäre denn heutzutage ein Kolon?

☐　　ein Komma

☐　　ein Bindestrich

☐　　eine Klammer

48. Und was machte man mit Grammatik selbst? Es wurde zwar nicht ersetzt, bekam aber eine erklärende Benennung dazu. Welche?

☐　　Sprachlehre

☐　　Satzlehre

☐　　Bausatz

49. Für den grammatischen Terminus Artikel wurde auch Geschlechtswort vorgeschlagen. Und häufig verwendet?
Was war eine unliebsame Folge davon?

☐ Sexus und Genus werden oft verwechselt
☐ schlimme Assoziationen
☐ Verwechslung mit Zeitungsmeldungen

50. Und noch so ein grammatisches Fremdwort, das für Grundschüler als zu schwierig galt.
Was diente nicht für Verb?

☐ Zeitwort
☐ V-Wort
☐ Tätigkeitswort

51. Sicher kennst du das Wort:
>> Interieur
Was aber bedeutet es?

☐ Inneneinrichtung
☐ Schwitzbude
☐ Innenleben

52. Dies ein Lehnwort. Du kennst es?
>> Roulade
Natürlich nicht zu verwechseln mit Rolladen oder jetzt Rollladen.
Worum geht es hier?
☐ um Lichtschutz
☐ um Ruhespender
☐ um Fleisch mit Speck und Zwiebel gefüllt

53. Bitte schön!
>> kleiner, dünner Pfannkuchen
Guten Appetit! (Oh, schon wieder ein Fremdwort. Aber mit 2 p bitte!)
Wähle das Wort hier mit dem passenden französischen Sonderzeichen!
☐ Crêpe
☐ Crépe
☐ Kräpp

54. Das Wort kommt aus dem Französischen.
>> Horsd'oeuvre
Welche Besonderheit in der Schreibung zeigt es nicht?
☐ Auslassungszeichen
☐ eine Vokalverbindung (= liaison)
☐ Endung auf -e

55. Hier geht es nicht nur um die Schreibung,
sondern auch um die Bedeutung. Wähle!
Hörnchen aus Blätterteig
☐   Croissant
☐   Croassant
☐   Croisant

56. Das ist vielleicht mehr in feiner Sprache üblich.
Viele Wörter aus dem Französischen sind ja in die
höfische Gesellschaft gekommen.
Aber du kennst es?
>> Liaison
Was aber bedeutet es?
☐   kurze Liebschaft
☐   Entbindung
☐   Fetischismus

57. Sicher kennst du das Wort:
>> Hautevolee
Was aber bedeutet es?
☐   Hochflieger
☐   vornehme Gesellschaft
☐   vornehme Dame

58. Die Fremdwortjäger hatten auch Wörter auf dem Kieker, die schon ewig bei uns weilten und bei denen kaum jemand die Herkunft spürte. Und da mussten sie natürlich attraktive Alternativen anbieten.
Was wurde da wohl vorgeschlagen für Fenster?

☐　Tageleuchter

☐　Windauge

☐　Luftloch

59. Auch die Nase kam ins Visier.
Da war mancherlei angesagt.
Welcher Ersatz wurde da eher nicht propagiert?

☐　Löschhorn

☐　Gesichtserker

☐　Gurke

60. Und hier sollte es ein Wort treffen,
das bestimmt kein Import war.
Wie die Jäger darauf kamen, ist ungeklärt.
Was boten sie für Nacht?

☐　Arbeittrösterin

☐　Dunkelloch

☐　Tagvertreiberin

61. Auch dieser Vorschlag schön kreativ.
Wofür sollte
Zeugemutter
stehen?
- ☐   Natur
- ☐   Eva
- ☐   Maria

62. Reinlichkeitswahn betraf auch die Sprache selbst. Da musste man was anbieten als Alternative und hat so bereichert.
Öfter ergab sich ein Bedeutungsunterschied.
Was ist besonders beim Lexikon gegenüber dem Wörterbuch?
- ☐   befasst sich nur mit Sprache
- ☐   enthält auch Bilder
- ☐   bietet auch Sachwissen

63. Puristen wurden auch schon mal witzig.
Ob ihnen das klar war?
Wofür haben sie wohl Jungfernzwinger gedacht?
- ☐   für Nonnenkloster
- ☐   für Bordell
- ☐   für Kaserne

64. Kennst du dich aus mit Göttinnen?
Puristen wollten ihnen sprechende Namen geben.
Das wurde dann wunderbar poetisch.
Aber akzeptiert?
Wofür die Weidinne?
- ☐ Diana
- ☐ Juno
- ☐ Venus

65. Ja, auch an Namen haben sich die Fremdwort-
jäger vergriffen.
Lustig war die Lustinne. Für wen wohl?
- ☐ Diana
- ☐ Venus
- ☐ Juno

66. Puristen, die Wörter aus dem Englischen jagen
(das heißt, hier bei uns) sprechen paradoxerweise
von
- ☐ Engwörtern
- ☐ Anglizismen
- ☐ Engelchen

67. Puristen wurden auch schon mal witzig.
Ob ihnen das bewusst war?
>> Musik
sollte heißen:

☐ Kummerwenderin
☐ Rhythmustante
☐ Hipphopp

68. Puristischer Ersatz war meist kein echter Ersatz.
Es ergab sich eine Art Konkurrenz.
Das Spiel zwischen 1 = Gebärdenspiel und
2 = Pantomime, für welches ging es aus?

☐ 1
☐ 2
☐ unentschieden

69. Wörter aus der Sprache verbannen geht
eigentlich gar nicht. Höchstens, dass mal eines
seltener verwendet wird.
Oft genug haben wir beide Wörter behalten.
Wer hat gewonnen bei 1 = Erdgeschoss und
2 = Parterre, für welches ging es aus?

☐ mehr 1
☐ mehr 2
☐ unentschieden

70. Sprache ist eben schlau: Sie nimmt beides und differenziert. Bei Gefallsucht und Koketterie hat ja wohl keines gewonnen.

Was steckt irgendwie noch in kokett (französisch wie ein Hahn)?

An was könntest du da denken?

□ sich aufblasen wie ein Hahn

□ Krokette

□ einfach nett

71. Und hier? Man muss auch auf die Bedeutung achten.

Das Spiel zwischen 1 = gegenständlich und 2 = objektiv, für welches ging es aus?

□ mehr 1

□ mehr 2

□ beide differenziert

72. Eigentlich gehen die Spiele gar nicht aus.

Das Spiel zwischen 1 = tatsächlich und 2 = faktisch, für welches ging es aus?

□ für 1

□ gegen 2

□ unentschieden

73. Wurde hier nicht schön differenziert?
Das Spiel zwischen Straßensperrung und
Barrikade.
In welchen Bereich ist das letzte abgewandert?
☐ Medizin
☐ Verkehrsgeschehen
☐ Kriegsgeschehen

3. Und es bewegt sich noch

1. Die Puristen haben sich schon mal ganz schön
verstiegen.
Was haben sie noch nicht verlangt?
- ☐　　Fremdsprachliche Zeitungen übersetzen
- ☐　　Geldbußen für Fremdwörter in Gedichten
- ☐　　Städte mit Fremdnamen umtaufen

2. Nun sind die Anglizismen dran.
Natürlich kennst du das Wort:
>> Hi-Fi
Auch was es bedeutet.
- ☐　　Kurzwort: Information + Unterhaltung
- ☐　　Kurzwort für High fidelity
- ☐　　Gesangsrichtung

3. Wir gehen mal zur Technik.
Du verwendest und kennst das Kürzel:
>> GB
Wofür steht es nicht?
- ☐　　Great Britain
- ☐　　Generisch oder bold
- ☐　　Gigabyte

4. Noch einmal:

>> Hi-Fi

Also, was bedeutet es?

☐ Hohe Klangtreue in der Wiedergabe von Musik etwa

☐ Gesetzestreue

☐ Titel eines Films

5. Suchprogramm zur Suche von Dokumenten im Internet

Wähle das passende Wort!

☐ Browser

☐ Brouser

☐ Brauser

6. Blinkender Marker auf dem Bildschirm

Das kennt ja nun jeder. Wähle das passende Wort!

☐ Cörsor

☐ Flitzer

☐ Cursor

7. Die Wörter, um die es beim Computer geht, sind wie viele andere nicht nur ins Deutsche gekommen.

Sie finden sich auch nicht nur im Englischen, sondern in vielen Sprachen.

Kennst du diese Sprache?

Questa chiavetta contiene 100 gigabyte.

Was könnte hier stehen für

>> Stick

☐ gigabyte

☐ contiene

☐ chiavetta

8. Schon im Italienischen hatten wir ein besonderes Wort für Stick.

In französischer Form hier:

Cette clé contient 100 gigaoctets

Was könnte das übersetzt sein?

☐ Stab

☐ Konto

☐ Schlüssel

9. Die Franzosen wollten nicht immer mitspielen im Internationalismus.
Was könnte im Wort für GB stecken?
> > gigaoctets
□   acht (weil 8 Bytes)
□   sechzehn
□   acht (weil 8 bits)

10. Und hier mal, wie etwas übersetzt wird:
Dieser intelligente Browser hilft Ihnen bei der Suche.
This intelligent browser will help you find it.
Este navegador inteligente te ayudará a encontrarlo.
Die Spanier waren große Seefahrer.
Sei wählten für Browser:
□   Navigator
□   Sucher
□   Leiter

11. Ja, und wenn wir schon dabei sind, welche Sprache ist das?
Ci tiu inteligenta retumilo helpos vin trovi gin.
□   Filipino
□   Italienisch
□   Esperanto

12. >> jemand, der sich intensivst mit dem Computer beschäftigt
Wähle das passende Wort!

- ☐ Computerfreek
- ☐ Nerd
- ☐ Computerfreak

13. >> durch Computerprogramme geschaffene virtuelle Welt
Wähle das passende Wort!

- ☐ Cyberspase
- ☐ Cyberspace
- ☐ Sauberspace

14. Jetzt wird es viel moderner. Da kennst du dich blendend aus und wir können es flink machen. Natürlich kennst du das Wort:
>> Homeshopping
Was bedeutet es?

- ☐ einkaufen von zu Hause aus
- ☐ Häuserkauf
- ☐ Heimarbeit

15. Und dieses natürlich auch.

\>\> take away

☐   kostenlos mitnehmen

☐   einkaufen von zu Hause aus

☐   Ware zum Abholen

16. Das moderne Leben des Alltags.

Bestimmt kennst du dieses Wort. Auch die Sache?

\>\> Lovestory

Was aber bedeutet es?

☐   Lebenslauf

☐   Liebesgeschichte

☐   Märchen

17. Die Fremdwortjäger alter Tradition haben ein neues Revier entdeckt.

Sie jagen jetzt Anglizismen. Und da haben sie viel zu tun.

Sicher kennst du das Wort:

\>\> Lifestyle

Was aber bedeutet es?

☐   anspruchsvoller Lebensstil

☐   modernste Lebensart

☐   Qualitätshotel

18. Damit hast du bestimmt auch öfter zu tun.
Und bist frustriert?
> > Hotline
Es heißt, das sei eine Stelle, wo
- ☐   es immer warm ist
- ☐   du dir die Finger verbrannt hast
- ☐   du rund um die Uhr Hilfe bekommst

19. Ja nun waren wir schon in der technischen Zeit.
Da wollen wir bleiben. Sicher kennst du das Wort:
> > Infotainment
Was aber bedeutet es?
- ☐   Kurzwort: Unterhaltung + Information
- ☐   Verbrüderung
- ☐   Gesangsrichtung

20. Die Wörter, um die es hier geht, haben sich
auf der Welt verbreitet.
Sie heißen Internationalismen.
Jeder kennt das Wort für:
> > fester Termin
Natürlich nicht allgemein, sondern als Schluss-
punkt. Was passt?
- ☐   Dadline
- ☐   Deathline
- ☐   Deadline

21. Neue Umschreibung? Enthüllung oder Bloß-
stellung für outing?
Was geht da ganz verloren?
☐   Man tut es selbst.
☐   Es schickt sich nicht.
☐   Es gibt nichts zu sehen.

22. Die Jäger bieten auch Alternativen (die nicht
immer passen).
Was wurde noch nicht vorgeschlagen für Image?
☐   Ruf
☐   Prestige
☐   Leumund

23. Den Teufel mit dem Beelzebub ausgetrieben?
Fremdwort für Fremdwort.
Zwei paradoxe Vorschläge für Model?
Welcher noch nicht?
☐   Mannequin
☐   Männeken
☐   Modell

24. Für Artikel wurde auch Geschlechtswort
vorgeschlagen und häufig verwendet?
Was war eine unliebsame Folge davon?

☐ Sexus und Genus werden oft verwechselt

☐ schlimme Assoziationen

☐ Anklang an schlecht

25. >> gewisse attraktive Merkmale von etwas
Wähle das passende Wort!

☐ Touch

☐ Feeling

☐ Flair

26. Die Anglizismenjäger bieten auch Alternativen.
Was wurde nicht vorgeschlagen für auschecken?

☐ abmelden

☐ ausbuchen

☐ ausgehen

27. Viele Fremdwörter sind in ihrer Bedeutung
nahe beieinander.
Da braucht es schon Sprachgefühl, dass man sie
nicht verwechselt.
Hier geht es um
>> akut vs. aktuell.

Wo passt akut am besten rein?

☐ Es gilt _____ Hilfe zu suchen.

☐ Die Themensind neu und ganz _____ sind.

☐ Es gibt _____ viele wirtschaftliche
Schwierigkeiten.

28. Noch so ein schwieriges Pärchen.
>> Symptom vs. Syndrom.
Wo passt Syndrom am besten rein?

☐ _____ der Erkrankung ähneln einer
Lungenentzündung

☐ Es ist nur ein _____ mit vielfältigen Ursachen.

☐ Das komplexe _____ ist schwer zu definieren.

29. Fremdwörter so einfach ersetzen?
Das kann schon mal in die Hose gehen.
Was sollte man eher nicht schreiben.

☐ Claudia Schiffer das Super Model

☐ wir haben verschiedene Models
durchgerechnet

☐ abends zeigten sich die Models
auf dem Laufsteg

30. Auch hier klingt ein Ersatz ein bisschen schräg. Welches Beispiel?

□　　Claudia Schiffer das Super Modell

□　　entwickelte sie ein mathematisches Modell

□　　ein neues Modell war zu entwerfen

31. >> Leumund als deutsch für Image?
Wo ist das besonders schief gelaufen?

□　　der schlechte Leumund der Branche

□　　ihren angekratzten Leumund aufpolieren

□　　bekam den Leumund des ewigen Verlierers

32. Die Zeiten ändern sich bekanntlich. Und auch Fremdwortjäger und Puristen wandeln ihre Ziele. Es sind auch nicht die gleichen. Die Ziele der Jäger sind in einem gewissen Sinn neu. Die Methoden eher nicht.
Wir trauen uns, dem neuen Typus einen neuen Namen zu verpassen und sinnigerweise einen, der recht englisch klingt.
Nun wagen wir mal ein neues.
>> Wordhunter
Was könnte damit gemeint sein?

□　　Wörterbuchmacher

□　　Dichter

□　　wer im eigenen Auftrag böse Wörter verfolgt

33. Was also ist die Aufgabe des Wordhunters?
Wordhunter sind irgendwie naiv und dürfen von
Sprache nicht viel Ahnung haben.
Eine ihrer Ideen besteht darin, Wörter zu ersetzen.
Für Neger verwendet man nun einfach N-Wort.
Welche sprachliche Grundtatsache wird dabei
ignoriert?

- ☐ Mit dem Wort Neger kann man über
  Neger reden.
- ☐ Mit dem N-Wort kann man über
  N-Wörter reden.
- ☐ Mit dem N-Wort redet man nicht
  über Neger.

34. Die fehlgeleitete Idee, man könne ein Wort
durch ein anderes, unschuldiges Wort ersetzen,
führt zu lustigen bis doofen Äußerungen.
Was geht hier schlecht?
Wäre nicht traurig, wenn man nicht sagen könnte.

- ☐ Die Neger wurden über Jahrhunderte
  kolonial ausgebeutet.
- ☐ Die N-Wörter wurden über Jahrhunderte
  kolonial ausgebeutet.
- ☐ Die Menschen, die mit dem N-Wort zu
  bezeichnen sind, wurden über Jahrhunderte
  kolonial ausgebeutet.

35. Ja, das N-Wort. Wie dürfte man seine Bedeutung schon nicht mehr erklären?

☐   Mit dem N-Wort bezeichnen wir die Leute, die über Jahrhunderte kolonial ausgebeutet wurden.

☐   Mit dem N-Wort bezeichnen wir manche der Leute, die über Jahrhunderte kolonial ausgebeutet wurden.

☐   Mit dem N-Wort bezeichnen wir schwarze Menschen aus Afrika, die über Jahrhunderte kolonial ausgebeutet wurden.

36. Welches ist der auf der Welt verbreitetste Internationalismus und das auf der ganzen Welt am häufigsten ausgesprochene Wort?

☐   super

☐   ok

☐   all right

37. Abkürzungen können problematisch werden. Sie können in verschiedenen Gebieten Verschiedenes bedeuten.
Was bedeutet PC eher nicht?

☐   Personal Computer

☐   Partly Complete

☐   Politisch Correct

38. In den letzten Jahren geistert ein neuer Anglizismus durch das Deutsche.
Er schreibt sich gender. Meistens klein, spielt aber eine große Rolle.
Wie wird das Wort von den meisten eher nicht ausgesprochen?
- ☐ dschender
- ☐ tschender
- ☐ gender

39. Weißt du, was das Wort gender eigentlich bedeutet?
Es kam aus dem Latein ins Englische.
Und es hieß nie
- ☐ Genus
- ☐ genus neutrum
- ☐ grammatisches Geschlecht von Nomen

40. Die Bedeutung des Wortes gender wurde schon im Englischen erweitert.
Und im Deutschen nur noch so verwendet:
- ☐ soziales Geschlecht
- ☐ natürliches Geschlecht
- ☐ angenommenes Geschlecht

41. Das neue Wort gender haben Anglizismenjäger nicht auf dem Schirm.
Es ist ein gutes Wort, das man nicht angreifen
darf.
Und es ist schon so heimisch bei uns, dass wir
auch ein Verb gebildet haben:
>> gendern
Was bedeutet das?

☐   Immer zeigen, dass es zwei Sorten
      Menschen gibt
☐   das Geschlecht in der Reihe halten
☐   sich nicht genieren

42. In der Sprachentwicklung verändern Wörter
ihre Bedeutung.
Das gilt auch für Fremdwörter.
>> divers
Welche Bedeutung hat es heute hinzugewonnen?

☐   für die Verschiedenheit der Rasse
☐   von Menschen: weder männlich
      noch weiblich
☐   verschiedenartig

43. Früher gab es (anders als bei den geschlecht-
losen Zwittrigen) bei dem Menschen zwei Ge-
schlechter.
Welche unterscheidet man heute?
Welches gibt es noch nicht?
- ☐   das natürliche Geschlecht
- ☐   das soziale Geschlecht
- ☐   das politische Geschlecht

44. Neue Anglizismen können auch nützlich sein,
um die Neuheit eben zu betonen,
aber auch um etwas leicht zu verschleiern.
Was bedeutet?
>> Coming out
- ☐   rauskommen
- ☐   aus dem Gefängnis ausbrechen
- ☐   öffentlich kund tun, dass man schwul ist

45. Deutsch wurde nicht nur durch Import
bereichert.
Es wurde auch manches exportiert.
Handwerker nahmen allerhand mit.
Polnisch szuflada, was war das wohl?
- ☐   Schuhschrank
- ☐   Schublade
- ☐   Schuhladen

46. Die Deutschen: Exportweltmeister, aber nicht in der Sprache. So könnte man meinen.
Im Technikexport kamen auch früh die Wörter mit. Russisch gipsokarton. Auch bremze und bremz-pakne sprechen für sich. Das letzte slowenisch für:

☐ Bremsbacken
☐ Bremsscheibe
☐ Handbremse

47. Nach so viel Import haben die Deutschen wenigstens etwas zurückgegeben?
Ja, mehr als du denkst.
Zum Beispiel der finnische flyygeli.
Was ist das?

☐ ein Klavier
☐ Geflügel
☐ Vöglein

48. Exportrenner des Deutschen haben auch mit Krieg zu tun.
Und das war in vielen Ländern ganz angebracht.
blitzkrieg, nazi und niemandsland im Französischen. Wo gibt es Blitzkrieg eher nicht.

☐ in Frankreich
☐ in Polen
☐ in Spanien

49. Deutsch wurde eher exportiert als importiert. Handwerker brachten allerhand raus. Mit deutscher Technik brachten sie auch deutsche Wörter. Wo fuhr wohl der snälltåg?

☐ in Dänemark
☐ in Island
☐ in Schweden

50. Ganz verblüffend könnte sein die Verbreitung von Genusswörtern. Der Schlager: sznycel und schnitzel. Wo gibt es die eher nicht:

☐ Polen
☐ Japan
☐ Schweden

51. Wohin sind diese zwei hier wohl gegangen?
>> fuspet und haymatlos

☐ ins Norwegische
☐ ins Italienische
☐ ins Türkische

52. Un bretzel in Frankreich. Anderswo ein špricer. Was könnte das sein?

☐ ein Schnaps
☐ eine Weinschorle
☐ ein Sprit

53. Ja und noch so ein Genuss: le schnouff in
Frankreich.
Was könnte das sein?

☐   Schnupftabak
☐   ein Hörnchen
☐   Schnupfen

54. Mit deutschem Kulturexport gingen auch
Wörter.
leitmotif ging ins Französische und

☐   ins Kroatische
☐   ins Ungarische
☐   ins Spanische

55. Die zeitnot hat es ins Polnische geschafft und
der zeitgeist gar

☐   nach Brasilien
☐   nach Mexiko
☐   nach USA

56. Auch der Alltag hat etwas rausgebracht.
So das deutsche Superwort kaputt, das gar nicht
so deutsch klingt. Und das auch aus Frankreich zu
uns kam und hier so recht lebendig wurde.
Nicht nur im Spanischen. Und dann noch ramsj.
Was könnte das gewesen sein?

☐   Rahmen
☐   Ramsch
☐   Rahm

57. Nicht umsonst gelten die Deutschen auch als
Weltmeister der Organisation.
So hat es hausmajstr ins Polnische geschafft und
váxmistr ins Russische. Was könnte das sein?

☐   Weinmeister
☐   Wachtmeister
☐   Hofmeister

4. Drin und doch fremd?

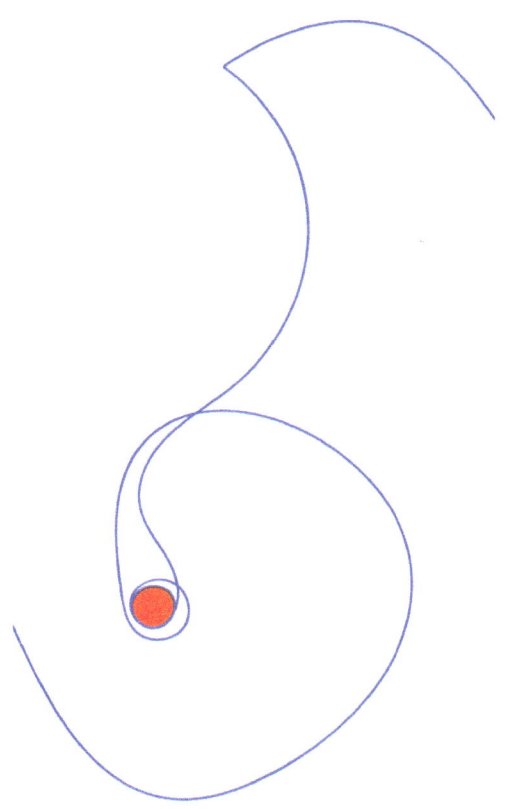

1. Mit drin und doch fremd ist von Scheinimporten die Rede. Diese Wörter waren lange schon bei uns, sie wurden aber in bestimmten Gruppen verwendet.
Bei welchen sozialen Gruppen wohl eher nicht?
☐ Adlige
☐ Juden
☐ Arme

2. Schön metaphorisch würde man auch sagen: Die Wörter kamen von unten, nicht von draußen. Darin die Idee gedacht, Sprache sei so zu gliedern, wie die soziale Struktur der Gesellschaft ausgedacht ist.
Worin kommt diese Metaphorik weniger zum Ausdruck?
☐ Hochsprache
☐ Niederdeutsch
☐ Hoher Stil

3. Gern werden die Unten-Gruppen auch in einen Topf geworfen. So kommt dann Jiddisch zu Rotwelsch. Was wäre nun Rotwelsch?
☐ Sprache der Gauner
☐ Sprache der Rothaarigen
☐ Sprache der Walliser

4. Und was ist Welsch? Im Romanischen
die Sprache der Menschen um Chur herum,
die Churwelscher, also Rätoromanisch.
Sie sprachen eben eine andere Sprache als die
Namengeber drum herum.
Und im Deutschen, was wäre Welsch?
□   Alles Undeutsche
□   Rätoromanisch
□   Englisch

5. Manche dieser Wörter sind lange erfasst. Schon
aus dem 14. Jahrhundert kennen wir die frühesten.
Später findet sich auch eine Zusammenfassung im
Liber Vagatorum.
Wie wäre das zu übersetzen?
□   Lieber Wandern
□   Fahrtenbuch
□   Buch der Fahrenden

6. Im großen Topf des Suppenallerlei sollte man
aber auch bedenken: Was ist jiddisch?
□   Hebräisch
□   Art deutscher Dialekt, den Juden in ihren
        Gemeinden sprachen
□   eine eigene Sprache der Juden

7. Wörter aus diesen Gruppensprachen gehören in unseren Alltag. Wir empfinden sie nicht als fremd. Was von diesen dreien wäre bei uns doch eher ungeläufig?

- ☐ Machulle
- ☐ Massel
- ☐ Mammon

8. Viele Wörter aus den Binnensprachen haben aber was Besonderes. Oft ein besonderes Gschmäckle.
So sind etwa Klamotten?

- ☐ Sonntagskleidung
- ☐ simple, abgetragene Kleidung
- ☐ nach neuester Mode

9. Öfter ist auch die Rede von der Sprache des fahrenden Volkes. Das waren nicht nur Zigeuner und umherwandernde Bettler.
Auch reisende Händler gehörten dazu. Von daher ist auch manch Geschäftliches aus dem Bereich gekommen.
Etwa:

- ☐ verkümmeln
- ☐ verkümmern
- ☐ verticken

10. Händler wie andere Outcasts sprachen ihre eigene Sprache, nämlich eine, die Außenstehende nicht verstanden, nicht verstehen sollten.

Das waren auch Geheimsprachen.

Eine andere wichtige Sache für Umherziehende waren die Zinken.

Was ist das nun wieder für die?

☐ geheime Verständigungszeichen der Gauner

☐ Zweig, der als Zeichen am Weg aufgesteckt wird

☐ auffallend große und unförmige Nase

Hier gibt's Geld zu holen

11. Und natürlich brauchten Händler auch ihre Fachausdrücke.

Du weißt: Ohne Moos nix los!

Du weißt Bescheid und wärst bestimmt gern bemoost in diesem Sinn.

Aber woher kommt dieses Moos bestimmt nicht direkt?

☐ aus althochdeutsch mos

☐ aus jiddisch maos

☐ aus hebräisch m`oth

12. Und weil das Moos so wichtig war, brauchte man gleich noch ein paar mehr Wörter, und zwar attraktive.

Zaster hat einen langen Weg hinter sich.

Es kam mit den Zigeunern und hieß ursprünglich:

☐　　altindisch sastra

☐　　langer Weg

☐　　Sold bei den Soldaten

13. Und da waren noch die Moneten. Geld im Plural war sehr angenehm.

Worauf geht das Wort zurück?

☐　　lateinisch monetae

☐　　altdeutsch Münzen

☐　　Monate

14. Nun bleiben noch die Penunzen. Auch das war rotwelsches Geld, hieß ursprünglich wohl: pjenjenjez.

Es hat aber einen anderen Weg genommen.

Woher kam es?

- □ von den Sorben im Osten Deutschlands
- □ von den Polen
- □ aus dem französischen Argot

15. Zu Pinke kam auch noch was dazu.

Man hat es verstärkt zu Pinkepinke.

Und da klang bei diesem Zeug auch noch ein angenehmer Ton an. Welcher wohl?

- □ pinken = klimpern
- □ pinkeln
- □ ein Einfaltspinsel

16. Ja, und beim Geld ist immer gleich die Frage: Wozu ist es gut?

Was kann man damit machen, wenn man es nicht normal ausgeben will.

Normalwort wäre wohl? Aber auch die andern beiden sind schönes Deutsch.

- □ bezahlen
- □ berappen
- □ blechen

17. Was haben wir nicht alles aus dem Rotwelschen oder dem Jiddischen!
Was wäre denn dies hier ursprünglich:
>> ein Krauter oder Krauterer
☐   starker Hunger
☐   ein Handwerksmeister
☐   ein Advokat

18. Was haben wir nicht alles aus dem Rotwelschen oder dem Jiddischen! So genau wird das oft nicht getrennt. Das dürfte aber jiddisch sein.
Was wäre denn:
>> ein Stenz
☐   Kragen
☐   Stemmeisen
☐   Eingebildeter Kerl (eigentlich Stock)

19. Rotwelsch und jiddisch haben uns noch mehr geliefert. Was wäre denn so unangenehm beim gottseidank so seltenen:
>> schinageln
☐   es ist poltern
☐   es ist verneigen
☐   es ist arbeiten

20. Wir haben weiter ausgeliehen! Gottseidank
werden Gebersprachen nicht ärmer,
sondern reicher, wenn ihre Wörter in anderen
Sprachen vorkommen.
Was wäre denn:
\>> echt Kohldampf hab ich
☐ Gemüsegarten
☐ Hunger haben
☐ es raucht

21. Deutsch bereichert mit Gaunersprache!
Hier spürt man noch was.
Was wäre denn:
\>> stiekum
☐ mit Fleiß
☐ beflissen
☐ heimlich, leise

22. Wir bleiben im Feld. Natürlich kannst
du Jiddisch! Und weißt es vielleicht gar nicht.
Was war denn:
\>> Schmiere stehen
☐ arbeiten
☐ jiddisch »schmiro« = Teer
☐ jiddisch »schmiro« = Wache

23. Reiches Deutsch mit Jiddisch und Rotwelsch aufgefrischt.
Manche halten es für Jugendsprache.
Was ist nun:
>> keinen Bock haben
□   keine Lust haben
□   keine Zeit haben
□   keine Frau kennen

24. Eine Geschichte ohne Ende mit dem Rotwelschen und dem Jiddischen?
Dies hier ist ja jetzt waschechtes Deutsch:
>> die Polente
□   einfach Geld
□   die Polizei
□   Polenbande

25. Deutsch bereichert mit Jiddisch. Auch so eine Gaunersprache? Alle in einen Topf.
So kategorisiert man Menschen und Sprachen.
Was wäre denn:
>> Schmu
□   Wache
□   Verlust
□   Profit, unredlicher Gewinn

26. Nicht alles Jiddische ist neu und frisch. Altbekannt?

>> viel Sore gemacht

☐   großen Gewinn

☐   eine Menge Sorgen

☐   reichlich Diebesgut

27. Wir bleiben bei den rotwelschen und jiddischen Lieferungen.

Was wäre denn:

>> Most

☐   Champagner

☐   speziell für Geld

☐   Trinker

28. Bitte nicht kapitulieren vor der Fülle jiddischer Wörter. Du weißt, was es heißt:

>> ausbaldowern

☐   auskundschaften

☐   auskehren

☐   vermeiden

29. Irgendwie müssen die Jiddisch sprechenden Juden im Städtle viel mit Geld zu tun gehabt haben. Oder mehr im Verkehr mit Deutschen, für die das attraktiv war?
Was wäre also:
>> kein Kies
☐　　keinen Hunger
☐　　kein Geld eben
☐　　viel Mühe

30. Es heißt: Wir haben so viel aus dem Rotwelschen. Aber wer alles dazu gehörte, war so klar nicht. Und zwar bis heute nicht.
Was war einst:
>> ein Mordskerl
☐　　immer wieder: Geld
☐　　Zigeunersprache: »morsch« = Hengst
☐　　Zigeunersprache: »morsch« = kaputt

31. Deutsch bereichert mit? Ja, immer wieder Gaunersprache! Und Gaunerwörter?
Nun schon wieder das:
>> viel Eisen in der Tasche
☐　　ziemlich viel Geld
☐　　Schwergewicht
☐　　zu schwer zum Tragen

32. Aus vielen Bereichen ist zu uns was aus dem Jiddischen gekommen.

Was hat es denn mit dieser ulkigen Redeweise auf sich?

>> es zieht wie Hechtsuppe

☐ jiddisch hech supha = Sturmwind

☐ Hecht an der Leine

☐ toller Hecht

33. Und auch dies aus dem Jiddischen gekommen.

Na ja, wieder etwas speziell.

Ob die für solcherlei so viele Wörter hatten.

Was ist:

>> die Schmiere

☐ irgendwie glitschiges Zeug

☐ jiddisch schmiro = Teer

☐ die Wache, auch die Polizei

34. Bestimmt hast du öfter keinen Bock.

Aber was war Bock im Jiddischen ursprünglich:

☐ Hunger, Gier

☐ Geld

☐ alter Mann

35. Was war und was ist und was heißt und was steckt drin?

>> ausbaldowern

☐ der Baldower war der Capo

☐ in dow steckt doof

☐ Baldo war ein alter Germane, der als besonders clever galt

36. Das klingt natürlich gut deutsch. Hat aber mehrere Verwendungen. Wurde verdoppelt zu zwei gegenläufigen Bedeutungen.
Bei manchen würde manch eine an Gold denken. Oder an billiges Zeug.
Was wäre aus dem Jiddischen eher nicht:

>> bisschen Blech

☐ immer wieder: Geld

☐ Hunger, Gier

☐ Wertloses, Unsinn

37. Ja, die Polizei, die Gefahr für die Rotwelschen. Sie hatte viele Namen.
Einer war dann auch willkommen bei uns.

☐ die Polente

☐ die Polizei

☐ Polenbande

38. Hier nur mal ganz oberflächlich.
>> Hab schon wieder Kohldampf.
Wo kommt das her?

☐   altdeutsch Kohl
☐   rotwelsch Dampf = Hunger
☐   im Dialekt für Blähungen

39. Das hat mit einer besonderen Verwendung von fechten im Jiddischen zu tun.
Was wäre wohl:
>> ein Fechter oder Fechtbruder

☐   ein Bettler
☐   ein Sportler
☐   ein Verwandter

40. Und wieder: Ein jiddischer
>> Krauter oder Krauterer
ist:

☐   starker Hunger
☐   ein Handwerksmeister
☐   ein Advokat

41. Der hier hatte seine Zeit im Deutschen.

\> \> ein Stenz

Heute sieht man solche Kerle mit dem steifen Kreuz eher selten. Aber warum gingen die einst so aufrecht?

Im Jiddischen waren es Männer,

☐   die am Stock gingen

☐   die schwere Waren stemmten

☐   die es im Kreuz hatten

42. Der ist nun wieder sehr originell, der jiddische

\> \> Wolkenschieber

Er hat im Deutschen Karriere gemacht.

Was ist er bis heute eher nicht?

☐   ein Fantast, der nichts realisiert

☐   ein Umwölkter

☐   ein bettelnder Handwerksbursche

43. Na, ja. Den Zustand kennst du.

\> \> kein Kies

Woher kommt das?

☐   aus der Bergmannsprache

☐   aus dem Jiddischen

☐   aus dem nichts

44. Was denkst du bei diesem Wort hier?

>> mosern

Manche sagen, es hätte mit Hans Moser und seiner Redeweise zu tun.

Es ist aber eher meckern und eigentlich

☐   Zigeunersprache

☐   österreichisch allgemein

☐   bairisch

45. Hast du es schon mal gemacht? Vielleicht in kleinen Mengen?

>> Schmu

Was wäre es?

☐   Wache

☐   Verlust

☐   Profit, unredlicher Gewinn

46. Und dies hier kennst du? Es klingt so lateinisch. Trotzdem von uns aus dem Rotwelschen oder dem Jiddischen genommen.

Doch was bedeutet es bestimmt nicht?

>> stiekum

☐   verdeckt und verschwiegen

☐   beflissen

☐   heimlich, leise

47. Masematte wird deklariert als Geheimsprache
aus Münster.
Es gehört aber hierher und leiht von überall.
Was wäre dir denn weniger neu für »arbeiten«?

☐ malochen
☐ schanägeln
☐ wullachen

48. Eigentlich kenn ich das Wort aus
meinem Dialekt.
>> Ebbes
Da heißt es einfach »etwas«?
Aber soll auch stehen für

☐ gestohlenes Gut
☐ Eberhard
☐ Ebenhol

49. Oh, ein böses Wort. Ein K-Wort sozusagen.
Aber wir müssen es ausschreiben.
>> Kaffer
Es ist in die Normalsprache gewandert und wird
diskriminierend für Leute verwendet, die heute mit
dem N-Wort bezeichnet werden sollen.
Karl May kennt es noch.

Es gibt eine Herkunft aus dem Arabischen und eine aus der Zigeunersprache.
Da bedeutet es und das ist üblich für Menschen anderer Kulturen:

☐   ungebildete Menschen

☐   Affen

☐   Gaffer

50. Bestimmt kannst du auch was rausklamüsern. Es ist eine Ableitung von
\>> klamüsern
Das steht nicht für

☐   Klamusk

☐   grübeln

☐   in der Stube hocken

51. Bekannter als die Herkunft ist leider die
\>> Maloche
Das Wort klingt nach Ruhrpott. Und da war es auch üblich.
Es gibt es auch im Rotwelschen und bedeutet hier wie da:

☐   Arbeit

☐   schwere Arbeit

☐   Freizeit

52. Besttimmt kennst du so einen.

\>> einen feinen Pinkel.

An was denkst du da? Und tatsächlich liegst du nicht schlecht.

Es kommt aus dem Jiddischen und bedeutet:

☐   unrein

☐   wohlhabend

☐   Penner

53. Ein wandelbares Wort und nicht zum Guten gewandelt.

\>> pleite

Ursprünglich hieß es:

☐   Rettung

☐   Flucht vor Schuldhaft

☐   verhaftet

54. Dies kennst du gewiss. Aber woher kommt es?

\>> schachern

Das Wort kommt nicht von

☐   Schachspielen

☐   im Land umherziehen

☐   als Händler herumziehen

55. Wieder das freigiebige Jiddisch.

\>> schäkern

Das Wort war schon mal etwas schärfer als jetzt.

Was wäre bestenfalls noch übriggeblieben?

☐ chek = der weibliche Schoß

☐ der Busen

☐ kosen

56. Wie komm ich nur raus, aus dem

\>> Schlamassel?

Im Wort steckt masol = Schicksal und auch das kennen wir als Massel, den man hat oder leider auch mal nicht.

Bei unserem Wort hier aber steckte sich rein:

☐ schlimm

☐ Schlamm

☐ schlau

57. Und neu für essen. Vielleicht noch nicht so ganz im offiziellen Deutsch angekommen.

Also nicht so ganz neu welches?

☐ achilen

☐ challen

☐ frengeln

58. Mit Geld hatten wir schon einiges zu tun.
Was Neues hier für dich? Etwas, das du noch nicht
kennst? Versuch dich mal.

☐ Masumm

☐ Moos

☐ Zaster

59. Eines der Wörter für »gut« dürfte nicht ganz
neu sein. Welches kennst du schon länger?

☐ jofel

☐ latschi

☐ dufte

60. Auch hier wieder eines für Kneipe, das uns
nicht ganz neu erscheint.
Aber auch die anderen gibt es. Versuch es mal.

☐ Katschkedi

☐ Pinte

☐ Schecherie

61. Ja für Mädchen blühte die Phantasie immer
und über die Jahrhunderte.
Eines hiervon kennen wir schon länger. Welches?

☐ Choie

☐ Ginne

☐ Ische

62. Und auch hier wieder.
Polizei und Polizisten waren eminent wichtig im Revier.
Immer wieder bekamen sie neue Namen.
Einer hier scheint uns nicht so neu.

☐ Klisto
☐ Polyp
☐ Pringelo

63. Lebenswichtig, aber auch sozialrelevant ist trinken. Natürlich nicht irgendwas,
sondern regional- und kneipenspezifisch.
Sind alle hier masemattisch?
Eines davon kennen wir allgemeiner. Aber auch für was Anderes. So wie »verständlich machen«?

☐ pieren
☐ schasken
☐ verkasematucken

64. Und noch ein berühmtes Spielfeld.
Offenbar war das in den Kreisen verbreitet.
Aber nur die anderen natürlich.
Welches kanntest du schon?

☐ dinnlo
☐ meschugge
☐ tralli

65. So enden wir dann mit drei Weisheiten.
Welche ist nicht masemattisch?

☐ Lieber Massel als Brassel!

☐ Was man mit Jontef macht,
ist keine Maloche.

☐ Ende gut, alles gut.

5. Jung und dynamisch

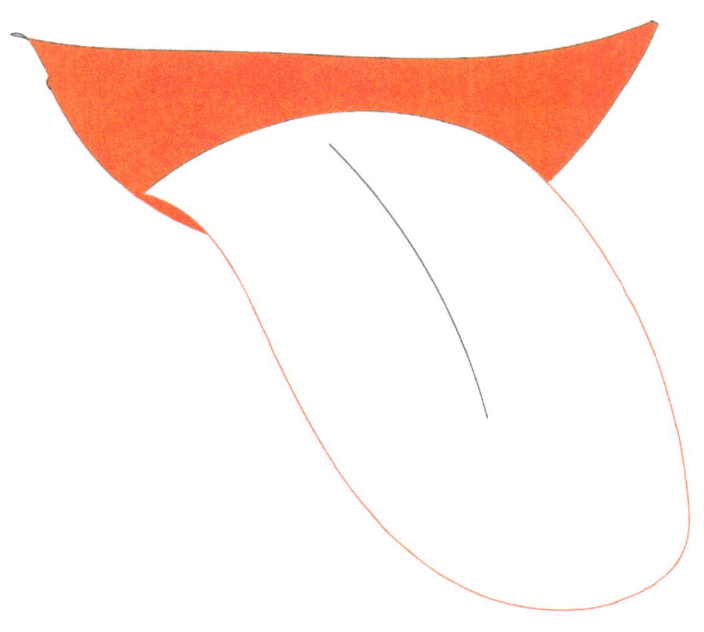

1. Vermutlich beklagen sich seit ewig die Älteren über die Jungen.
Was wird da eher nicht ins Feld geführt.
Die Jugend:
- ☐ hat schlechte Manieren
- ☐ hat keine Achtung vor dem Alter
- ☐ ist unsere Zukunft

2. Und vermutlich beklagen sich seit 5000 Jahren die Jüngeren über die Älteren.
Worum geht es da eher nicht?
- ☐ dass die Alten immer mehr wissen (wollen)
- ☐ dass sie schlecht versorgt werden
- ☐ dass sie erzogen werden

3. Und nochmal.
Was ist heutzutage üblich bei der Jugendschelte?
Die Jugend:
- ☐ liest nicht mehr, hängt dauernd am Handy.
- ☐ erneuert alles Mögliche.
- ☐ spricht so kreativ.

4. Nicht gleich gar nichts lesen, sondern was?
Früher schon hat sich die Jugendsprache aus Comics bedient.

Das hieß es dann: ächz, würg, stöhn und lall.
Wie heißen solche Ausdrücke in der Sprachwissen-
schaft?

☐   Hedger
☐   Lallwörter
☐   Interjektionen

5. Die gegenseitigen (auch oft scherzhaften) Vor-
würfe haben auch Auswirkungen auf die Sprachen,
die beide Gruppen sprechen.
Aber sind es verschiedene Sprachen?
Bei solchen Gruppensprachen geht es eigentlich
nicht um eine ganze Sprache,
sondern

☐   um eine Varietät des Deutschen
☐   halbe Sprachen
☐   Gestammel

6. Wenn du etwas Jugendsprache beherrschst, was
glaubst du:
Wieviel Prozent der jugendlichen Rede sind spezi-
fisch und nicht normales Deutsch?
Geschätzt:

☐   60 Prozent
☐   4 Prozent
☐   40 Prozent

7. Was ist auffällig bei der Jugendsprache gegenüber sonstigem Deutsch?

- ☐ Ein paar Wörter und einige Redeweisen
- ☐ Die gesamte Grammatik
- ☐ Die ganze Rechtschreibung

8. Zum Aufwärmen mal dies hier:
Die Jugendsprache lebt natürlich vom normalen Deutsch als Quelle.
Hier kannst du das erkennen.
Was wäre wohl:
>> telen

- ☐ Tschüss, Mach´s gut!
- ☐ telefonieren
- ☐ dissen

9. Aber die Jugendsprache lebt nicht nur vom normalen Deutsch oder vom Englischen.
Sie spendiert uns auch einiges.
Welches dieser Wörter ist wohl von der Jugendsprache in die Werbung gekommen?

- ☐ stylish
- ☐ geil
- ☐ verarscht

10. Die sprachliche Varietät Jugendsprache ist wesentlich Sprechsprache.
Und wie schreibt man sie?
Häufig nach phonetischen Regeln.
Oder eben nach gängiger Rechtschreibung und angepasst.
Wo siehst du ein übliches Vorbild hierfür?

☐   stylish
☐   stylisch
☐   steilisch

11. Jugendsprache wird als eigene Sprache deklariert.
Sie ist interessant und darum werden auch Bücher über sie geschrieben.
Aber woher wissen die Schreiber Bescheid?
Sprechen sie selbst Jugendsprache?
Oder sind sie nicht doch nur

☐   Sammler
☐   Speckläufer
☐   Mitläufer

12. Sprachliche Entwicklung wird wesentlich beschleunigt dadurch, dass neue Generationen heranwachsen.

Neue Sprecher → neue Wörter.

Goethe wusste, was branlieren ist.

Aus dieser Quelle bezieht man als Jugendlicher kaum seinen Stoff.

Woher beziehen Jugendliche ihre Wörter eher nicht?

☐ Aus dem Englischen

☐ Aus der klassischen Literatur

☐ Aus der Ingroup

13. Der Sprachwandel wird wesentlich beschleunigt dadurch, dass neue Generationen heranwachsen.

Es ist nicht nur so, dass sie das Alte nicht kennen.

Sie wollen sich gerade auch absetzen.

Unterscheiden von den Alten.

Also besonders gut ist heutzutage eher:

☐ dufte

☐ knorke

☐ wild

Wie wird es wohl ausgesprochen?

14. Eine junge Generation hat vieles nicht selbst
erlebt.
So wird sie auch nicht täglich mit Redeweisen
früherer Zeit in Kontakt kommen.
Das gilt sogar für Wörter, die früher mal Jugendsprache waren.
Was ist wohl das Modernste hier?

☐ Tussi
☐ Chica
☐ Tweeny

15. Wenn Kinder neu anfangen,
Sprache zu erwerben, fangen sie
irgendwie bei null an.
Man muss sich langsam vor- und zurückhangeln.
Man lernt aber sehr bald, wer wie redet.
Wie spricht die Mama?
Und wie die große Schwester?
Was lernt man da auch?

☐ Stilgefühl
☐ Grammatik
☐ reden

16. Es wäre ziemlich schwer, innerhalb des
Deutschen einen Bereich abzugrenzen,
der Jugendsprache umfasst.
Was hieße bei der Abgrenzung denn Jugend?
Keine Angst: Das ist nicht festgelegt.
Aber eine gute Eingrenzung wäre in Jahren?

☐ Von 15 bis 18

☐ Von 12 bis 22

☐ Von 8 bis 18

17. Ja, und wenn nun so eine Alte – sagen wir mal
so um die 40 – sagt:
>> Der Chat war richtig chillig.
Was wäre das dann eher nicht?

☐ Sie tut so modern.

☐ Sie ist jung geblieben.

☐ Ganz unauffällig.

18. Jugendsprache mögen manche nicht: Aber sie
macht auch Deutsch jünger.
Du bekommst zu tun mit dem Wort
>> Perlhuhn
Wie könntest du das verstehen?

☐ Tussi in teuren Klamotten

☐ kleiner Schluri

☐ alter Egoist

19. Jugendsprache mögen manche nicht: Dabei
macht sie Deutsch jünger. Was wäre wohl
>> dick geflasht
☐   Mach´s gut!
☐   eingesteckt
☐   überwältigend

20. Auch Studenten waren jung. Vor Zeiten schon.
Sie sprachen oft besonders,
auch lateinisch klingend.
Maliziös = ein bisschen bösartig, schauderös =
schauderhaft, luderös = wie ein Luder.
Und wer war eher nicht
>> pechös
☐   wer Unglück hatte
☐   wer kleben blieb
☐   wer ein Techtelmechtel hatte

21. Studenten hatten es gern ein bisschen deftig:
arschfein, bierernst, scheißfidel sagten sie schon im
19. Jahrhundert.
Was war wohl bei ihnen schön bildlich gesprochen
>> ein Stoppelhopser
☐   ein Bauer
☐   ein unbeliebter Kommilitone
☐   ein sportlicher Hochspringer

22. Kreativ ist Jugendsprache immer.
Und sie geht auch gern ein Stockwerk tiefer.
Studenten mochten es gern unter ihrem Niveau.
Was war von nicht ganz so weit unten?
- ☐ bierernst
- ☐ scheißfidel
- ☐ arschfein

23. Junge Studis wollten gerne Bildung ausstellen.
Da hilft viel, was nach Latein klingt.
Welches könnte man so sehen?
- ☐ Fressalien = Esswaren
- ☐ Saumalheur = großes Pech
- ☐ Saumensch = Weibsperson

24. Die Kreativität Jugendlicher tobt sich aus mit neuen Ableitungen.
Welches wäre hier nicht so neu? Aber dir vielleicht doch.
- ☐ telen
- ☐ maulschellieren
- ☐ funzen

25. Jugendsprache regt viele auf. Sprachfreunde?
Oder Sprachfeinde? Oder weißhaarige Jugendfein-
de?
Und wie sollte eine Junge drauf reagieren?
>> Mit einem Lachflash.
Das wäre dann wohl
☐ ein Lachanfall
☐ eine Kumpelei
☐ ein Blitzlicht

26. Kreativität in der Sprache ist meist spielerisch
und macht Spaß.
Soll Spaß machen.
Was wäre hier eher trocken?
☐ Trabbel
☐ Rappel
☐ Äktschen

27. Wie immer in der Sprache: Metaphern können
erhellend sein.
Was könnte denn gemeint sein mit?
>> Puddingpanzer oder Pommespanzer
☐ eine sehr dicke Person
☐ eine Alleinreisende
☐ Wackelpeter

28. Hier bitte, ganz cool? Oder eher doch etwas obszön?
Irgendwer hat das Wort von einem Jugendlichen gehört und schon war es Jugendsprache.
Aber jeder kann es verstehen.
Was wäre wohl?

>> eine Milchfabrik

☐   Gorgonzola

☐   große weibliche Brust

☐   eine alte Ziege

29. Auch Sportler können jung sein und ihre eigenen Ausdrucksweisen haben.
Oft ein bisschen witzig, auch verhüllend.
Aber unter sich ist ganz klar, worum es geht.
Wir machen es mal etwas feiner.
Was ist gemeint mit:

>> Eierbecher

☐   Essgeschirr am Bau

☐   Hilfskraft beim Bäcker

☐   Suspensorium

30. Jugendsprache betrifft (wie gesagt) nicht die ganze Sprache.

Gewisse Bereiche werden durch die Jahre fleißig beackert.

Für Frauen sind die Ausdrücke wandelbar. Öfter auch etwas abwertend.

Nicht nur die Schnalle.

Aber je üblicher, umso normaler.

Kann man da eine Reihenfolge herstellen nach der Modezeit?

So ungefähr.

1 = Tussi, 2 = Braut, 3 = Ische

☐   1 < 2 < 3

☐   2 < 1 < 3

☐   3 < 1 < 2

31. Natürlich sind die Kerle auch dran als Macker, Freak und Typ.

Dann aber auch der Schowi.

Was ist der?

☐   ein Chauvinist

☐   ein Antifeminist

☐   ein Patriot

32. Richtig starke Ausdrücke liebt die Jugend, also auch die Jugendsprache.
Was wäre weniger stark gedacht?

- □ cool
- □ ätzend
- □ wild

33. Echt klasse, gell!
Und Stärke verwendet auch Verstärker.
Was geht da eher nicht?

- □ Das war eine sahne Äkschen.
- □ Du warst echt cool.
- □ Die Karre war total im Arsch.

34. Vornamen wurden immer schon zu Eigenschaftswörtern gemacht.
Und oft diskriminierend gedacht.
Das Muster nutzt auch die Jugendsprache.
Also der Doofi ist jetzt

- □ der Heini
- □ der Sepp
- □ der Horst

35. Einige Leute regt Jugendsprache tierisch auf.
Dabei kann sie so schön sein!!
Und schön kurz.
Wie verstehst du
>> funzen
☐　　begleiten
☐　　funktionieren
☐　　sich freuen

36. Da kommen einige natürlich nicht mehr mit.
Weil sie alt sind?
Das ist in Gruppensprachen immer dabei.
Man gehört dazu oder eben nicht.
Was wäre wohl
>> in da Hood
☐　　im Viertel
☐　　bei der Müllabfuhr
☐　　auf einer Party mit Alkohol

37. Jugendsprache in der Werbung.
>> Meine Hood, deine Hood, Hood für alle.
Was ist das?
☐　　Automatisch generierter Werbespruch
☐　　Werbung für Immobilien
☐　　spielerischer Slogan für Hutladen

38. Wir haben gesehen, Jugendsprache ist echt innovativ:
Sprachschützer mögen sie oft nicht.
Was wäre nun?
>> der Checker
☐   ein Sprachkritiker
☐   ein Raser
☐   eine kluge Person

39. Hej, Jugendsprache, ob älter oder ganz innovativ: Einige Leute regt sie tierisch auf.
Auch wenn so ein Wort gar nicht mehr jugendsprachlich ist.
Was könnte denn sein?
>> ein Player
☐   ein gut aussehender Junge
☐   ein Looser
☐   ein Steppke

40. In der Jugendsprache mischt man schon mal.
Das zeigt Sprachkönnen.
Was ist hier nicht gemacht?
>> dick geflasht
☐   grammatisch entstellt
☐   Englisch eingedeutscht
☐   Deutsch englisch gemischt

41. Jugendsprache will auch mal so etwas wie eine Geheimsprache sein.
Das ist für viele Gruppensprachen ähnlich.
Kürzel sind tauglich für Verschleierung.
Was soll gesagt werden mit
>> KP

- ☐ kein Plan
- ☐ kapiert?
- ☐ kannst bei mir pennen

42. Ein altes Vorurteil ist, dass die Jugend es nicht so genau nehme.
Ja, deshalb braucht sie auch vage Ausdrucksweisen. -;)
Das ist doch irgendwie plausibel.
Na ja, Sprachkritiker kritisieren das generell. Sie fühlen sich als Sprachschützer.
Sie verstehen eben nicht recht,
sind Präzisionsfetischisten – oder so.
Was wird eher nicht abmildernd verwendet?

- ☐ und so
- ☐ praktisch
- ☐ total

43. Da scheint was Altes aufgefrischt:.
hackevoll könnte schon im Duden stehen.
Jetzt aber:
>> Wir waren total hacke.
Was ist gemeint?

☐ dumm

☐ belämmert

☐ besoffen

44. Vor einiger Zeit begann die Langenscheidt-
Redaktion damit, das Jugendwort des Jahres zu
küren.
Die Kür des Jugendworts war eine Art
Nachahmung der Kür des Worts des Jahres.
Was war hier aber anders?

☐ Es wurde eine Umfrage veranstaltet.

☐ Bestimmt durch eine kleine Gruppe von
Angestellten.

☐ Viele Linguisten dabei.

46. Was hat es bisher noch nicht zum Jugendwort
des Jahres geschafft?
Hätte es aber verdient.

☐ hartzen

☐ Lan

☐ unterhopft sein

45. Jugendwort des Jahres und Zensur. Verträgt sich das?

Selbst die kommerziellen Nutznießer der Kampagne möchten's dann doch nicht echt.

Hurensohn ist pfui. Was soll man damit tun?

☐ Wird geändert zu Muttersohn.

☐ Wird als Unwort des Jahres deklariert.

☐ Gehört aussortiert.

47. Nicht alle sogenannten Jugendwörter des Jahres sind Jugendsprache. Was hat es auf sich mit

>> guttenbergen

Du kennst den Promi?

Was war damit gemeint?

☐ plagiieren

☐ gut investieren

☐ in eine neue Wohnung umziehen

48. Auch Studenten sprachen oft irgendwie besonders. Auch eine Art Jugendsprache.

Aus welcher Zeit könnte das hier stammen?

Kommt der Aussperrung von Studenten zuvor!

>> Heute großes Teach in auf . . .

☐ von 1870

☐ 60er Jahre

☐ Heutzutage

49. Weiter Studentensprache.
Aus welcher Zeit könnte das hier stammen?
Alles, was nicht nur Erstis wissen müssen.
>> Kommt zur Erstiparty am Freitag 20 Uhr!
☐   80er Jahre
☐   Heutzutage
☐   vor 1950

50. So jetzt etwas Training in Jugendsprache.
Echt cool.
Was wäre wohl?
>> blumig
☐   gut aussehend
☐   gut bekannt
☐   gut gelaunt

51. Weiter im Quiz auch für Ältere ganz gut!
Hier bitte.
Was wäre wohl?
>> stylisch
☐   im Trend sein
☐   idiotisch
☐   heruntergekommen

52. Bist du schon zu alt hierfür?
Für uns ist es von vorgestern.
Was war
>> versifft
☐   gut aussehend
☐   dreckig und heruntergekommen
☐   gut gelaunt, fröhlich

53. Das ist doch besonders schön.
Also ab in den Raum!
Was bedeutet?
>> abgespaced
☐   klebrig
☐   angefressen
☐   verrückt, abgefahren

54. Auch hier wieda das Reisen.
Machst du mit beim
>> cruisen
☐   wahllos saufen
☐   ziellos umherfahren
☐   anmachen

55. Jugendsprache ist natürlich deutsch.
Die Verfahren, die sie nutzt sind übliche Mittel des Deutschen.
>> spacisch
Was würde da eher nicht genutzt?
☐   Rechtschreibung
☐   Entlehnung
☐   Mischung

56. Die Verfahren der Jugendsprache stehen im Deutschen bereit.
Und darum können wir alle Neues machen.
>> checkchecken
Was wird hier eher nicht genutzt?
☐   Einpassung
☐   Dissimilation
☐   Verdoppelung

57. Jugendsprache ist schnelllebig. Sie kann auch Eintagsfliegen schaffen.
Was wäre hiervon keine Eintagsfliege?
☐   chillen
☐   fufunzen
☐   triellen

58. Wir sind up to date.
Wir machen, was wir brauchen.
Machen Kofferwörter.
Was wäre wohl das neueste hier?

☐   Corontäne
☐   triellieren
☐   Digga

59. Noch so ein superneues.
\>\> papatistisch
Schön gebildet.
Hat es was mit papa, dem Papst zu tun?
Nimm mal an ja.
Was sollte es dann bedeuten?
Gib ihm selbst eine Bedeutung.

☐   katholisch
☐   herrschsüchtig
☐   väterlich

60. Wie gesagt: Jugendsprache ist Turbosprache und gesprochen.
Kaum hast du eines hingeschrieben, ist es vielleicht schon tot.
Was wäre jetzt nicht mehr so in?
☐   merkeln
☐   lindnern
☐   scholzen
Aber immer noch bleibt die Frage,
was es bedeutet.

6. Mittendrin

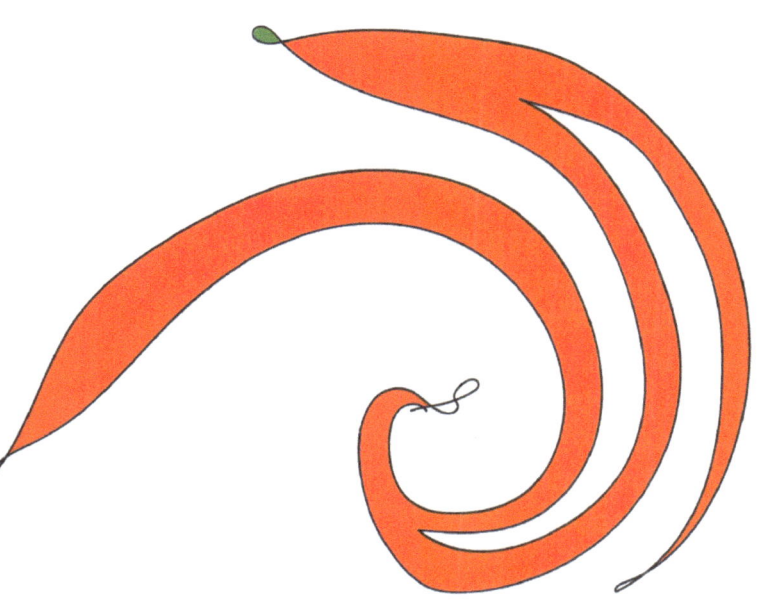

1. Sprachmischung und Entstehen neuer Sprech-
weisen sind normal für Leute, die im sprachlich
gemischten Umfeld leben.
Schon im Elsass konnte man schon mal hören:
>> Schass de Gickel us dem Schardin.
Was war da nicht drin?
☐   Italienisch
☐   Deutsch
☐   Französisch

2. Hier geht es um eine andere Art der Mischung.
Nicht mehr Mischung per Import,
sondern Mischung durch die Sprecher selbst,
Mischung diverser Sprachen.
In Deutschland sind so viele neue Varietäten
entstanden.
Was gehörte nicht dazu?
☐   Starkdeutsch
☐   Türkdeutsch
☐   Kiezdeutsch

3. Viele der neuen Varietäten haben mit Menschen zu tun, deren Muttersprache nicht Deutsch
ist. Oder in einem multilingualen Umfeld groß
geworden sind.

Die entsprechenden Varietäten sind nicht leicht voneinander abzugrenzen und auch die unterschiedlichen Benennungen sind es nicht.

In der Frühzeit sprach man von Gastarbeiterdeutsch.

Dafür wurden dann auch Selbstbezeichnungen gewählt?

Welche nicht?

☐ Tarzanisch
☐ Tarzanca
☐ Lianesisch

4. Eine andere Bezeichnung für dieses Deutsch, die auch nicht rein diskriminierend verstanden wurde?

☐ Undeutsch
☐ Neudeutsch
☐ Kanaksprach

5. Was wird gewöhnlich in der Wissenschaft gesagt, wo solche Sprachen entstehen und gesprochen werden?

☐ in multiethnischen Vierteln
☐ am Stadtrand
☐ in großen Städten

6. Gastarbeiterdeutsch kam auf in den 60er Jahren. Es wurde gesprochen von italienischen, spanischen, portugiesischen, von serbokroatischen und türkischen Arbeitern,
die zur Arbeit nach Deutschland gekommen waren.
Was war das?

☐   eine Art Pidgin

☐   eine Arbeitssprache

☐   eine Gastsprache

7. Gastarbeiterdeutsch wurde auch am Arbeitsplatz gelernt.
Welche Ausdrücke haben da wohl eher keine Rolle gespielt und wurden von daher auch nicht gelernt?

☐   oft machen

☐   das wäre sehr schlecht für mich

☐   nix arbeit für arbeitslos

8. Man spricht beim Gastarbeiterdeutsch auch von ungesteuertem Spracherwerb.
Darum ist es

☐   keine Lernersprache

☐   keine Schriftsprache

☐   kein Dialekt

9. Eine bequeme Regel für Sprachlerner:
Lass alles weg, was man nicht braucht.
Was wurde nicht weggelassen

☐   Präpositionen
☐   Formen von sein
☐   das Pronomen ich

10. Sprache bleibt immer in Bewegung. Und die
Sprecher wollen das eigentlich nicht.
Für sie sollte alles beim Alten bleiben.
Es sei denn: Sie machen es selbst.
Gastarbeiterdeutsch
>> Des meine Bettdecke.
Was ist hier typisch?

☐   Fehlendes ist
☐   Abwertend
☐   Des statt das

11. Gastarbeiterdeutsch
>> Deine Sohn viel dumm.
Was ist hier nicht der Fall?

☐   Fehlendes ist
☐   Genus feminin
☐   Subjekt fehlt

12. Gegenüber normaler Rede ist Gastarbeiterdeutsch geprägt durch Weglassungen.
Was gehört nicht dazu?

☐   Ausfall der Präposition

☐   Wegfall des Artikels

☐   Subjekt weglassen

13. In der Literatur wird immer als typisch für Gast-
arbeiterdeutsch das Weglassen von Präpositionen
festgestellt.
Dazu der alte Witz.
Du gehen ALDI.
Zu ALDI.
Was wär die witzige Fortsetzung?

☐   Ok.

☐   Gelernt!

☐   Was schon zu?

14. Als typisch für Gastarbeiterdeutsch gilt das
Reden in Infinitiven.
>> Ich nix sagen.
Hier zeigen sich noch andere Merkmale.
Welches gehört nicht dazu.

☐   Das Verb am Ende des Satzes.

☐   nix anstatt nicht

☐   Verb im Infinitiv

15. Wir wechseln mal die Szene. Zum Kiezdeutsch, das jetzt in ist. Kiezdeutsch hat natürlich keine eigene Grammatik, aber einige regelhafte grammatische Besonderheiten.
Was eher nicht?
□   Komplexe Sätze
□   Besondere Aussprache
□   Verb am Ende

16. Kiezdeutsch ist wesentlich Sprechsprache.
Es ist geprägt durch Verkürzen und Verschleifen.
Darum gibt es auch keine normale Rechtschreibung.
Die Lautung muss irgendwie nachgebildet werden.
Was konnte man schon lange im gesprochenen Deutsch hören?
□   lassma
□   musstu
□   hasse

17. Das kommt aus einer anderen Szene:
>> Ey, tanz doch ma rischtisch.
Es zeigt aber eine wichtige Lauterscheinung.
□   ch zu sch
□   Weglassung des l
□   Weglassung des e in der Befehlsform

18. Das Kiezdeutsch hat auch viele typische Wendungen.

Welches wäre eher keine?

- ☐ ischwöre
- ☐ Gibt Problem?
- ☐ Hast du ein Problem?

19. Kiezdeutsch hat natürlich eine Menge typischer Wörter und eigene Wortbildungen.

Welches ist das typischste?

- ☐ Lan = Anrede, Alter oder so
- ☐ isch mach
- ☐ isse Braut

20. Kiezdeutsch ist deutsch.

Kiezdeutsch ist ganz exotisch oder fremd?

Was wäre hierzu zu sagen? Was wäre typisch?

>> Wir gehen nachher noch Sarah.

>> Wir gehen nachher noch Gleisdreieck.

- ☐ Da fehlt schon was
- ☐ Mit wem?
- ☐ Zusammen?

21. Die neue Mischung hat diverse Ursachen.
Neue Varianten entstehen sozusagen unter
unseren Augen und vor unseren Ohren.
Allerdings müssen wir sehen:
Die Ergebnisse können neu sein.
Die Verfahren eher nicht.
Hast du schon mal gelesen von
»urlop« und »otomatisch«?
Du kannst dir schon denken, worum es geht.
In welche Sprache wurde das aufgenommen?

☐　　Türkdeutsch

☐　　Serbokroatisch

☐　　Tarzanca

22. Das Kiezdeutsch ist keine Sprache.
Es ist ein Gemisch von vielen Sprachen.
Man sagt – aber das darf man nicht so ernst
nehmen – es seien Elemente drin von

☐　　5 Sprachen

☐　　10 Sprachen

☐　　14 Sprachen

23. Kiezdeutsch ist doch etwas wie eine Sprache. Welche wichtige Eigenschaft kommt ihm zu?

☐　Rudimentäre Grammatik

☐　Feste Sprechergruppe

☐　Festigkeit

24. Eine wichtige Eigenschaft dieser Varietäten ist das Code switching.
Da springt man von einer Sprache in die andere. Wo wäre das hier weniger der Fall?

☐　bende var sen anrufen yap

☐　Schass de Gickel aus dem jardin.

☐　Lan, ich schwör auf meine Mutter

25. Hier nochmal, was du häufig in diesen Varietäten findest.

☐　Auslassung von Präposition und Artikel

☐　Gendern

☐　Semikolon

26. Vorgänger und Verwandte des Kiezdeutsch waren nicht

☐　Gastarbeiterdeutsch

☐　Kanak Sprak

☐　Pidgin

27. Ein linguistischer Terminus für Kiezdeutsch
wäre Ethnolekt.
Mit Ethno soll darauf hingewiesen werden, dass es
um bestimmte Bevölkerungsgruppen gehe.
Du kennst das Wort von Ethnologie, die von
bestimmten, meist fremden Völkern handelt.
Das passt eigentlich nicht.
Was könnte bestenfalls als Hinweis gelten?

☐   Die Sprechergruppe ist ethnisch gemischt
☐   Dieses Deutsch wird nicht nur von
      Jugendlichen mit Migrationshintergrund
      gesprochen
☐   So sprechen auch Muttersprachler

28. Wieso spricht man eigentlich von Kiezdeutsch.
War Kiez ein typisches Wort dieser Varietät?
In einem gewissen Sinn schon.
Aber das Wort Kiez, woher kam das?
Es gab es schon im späten Mittelalter für

☐   eine abgeschlossene Siedlung von fremden
      Arbeitern
☐   alle Gebiete, in denen die Armen wohnten
☐   die Schlafstätten von Fronarbeitern

29. Auch wenn die Sprecher wollen, dass sich an der Sprache nichts ändert, so ändern sie sie doch. Und alle gemeinsam.
Greift Kiezdeutsch ein ins Normaldeutsche?
Oder gab es das hier schon immer?
>> Ich habe Festanstellung als Erzieher.
>> Balser hat Vertrag
Früher war so etwas kaum üblich. Ob es aus dem Kiezdeutsch kommt, ist fraglich.
Was ist in dieser Hinsicht auffällig?
☐　　Es wird schon öfter so geschrieben
☐　　Artikel konnte man immer weglassen
☐　　Sehr unwahrscheinlich

30. Das Weglassen des Artikels wird als auffälliges Merkmal gesehen.
>> Da wird Messer gezogen
>> Wenn ich Jacke abgenommen hab
>> Sonst bist du toter Mann
Wofür gilt das nicht?
☐　　Neudeutsch
☐　　Gastarbeiterdeutsch
☐　　Kiezdeutsch

31. Die Sprache enthält schon alle Möglichkeiten,
sie zu ändern.
Die Sprache bietet den Individuen die Methoden
zum Ändern, zum Spielen, zum kreativ Werden.
Solche Beispiele hier sind vielleicht im Kiezdeutsch
üblich.
>> Kann Merkel Kanzlerin?
>> Kann Ägypten Demokratie?
Wo sind sie jetzt noch üblich?
☐   In den Medien
☐   In der schönen Literatur
☐   Im Islam

32. Warum immer dieses Mist-Deutsch!
Dieses moderne Deutsch bleibt nicht im Kiez.
Was ist da auffällig?
Wo immer das herkommt: Was soll bezweckt
werden?
>> Ob Sie Torwand können, werden wir später
sehen.
>> So geht Bank heute
>> So geht einfach und gesund.
☐   Aufmerksamkeit wecken
☐   Weiß keiner
☐   Sprache verändern

33. Eine wichtige Eigenschaft dieser Varietäten ist das Code switching.

Man springt auch mitten im Satz von einer Sprache in die andere.

Wo wird hier nicht geswitcht zwischen Deutsch und Türkisch?

□ Selam, wie gehts

□ Lach mich güle güle yerden is so geil

□ Lan, ich schwör auf meine Mutter

34. Irgendwie besonderes Deutsch:

>> Er sagt sie is voll die irre Braut dings sie geht mit jedem mit

Wofür steht Braut?

□ für die Freundin eines anderen

□ für die Braut des Angesprochenen

□ für eine junge Frau

35. Typisch Kiez?

>> Heute muss isch wieder Solarium gehen.

Was fehlt da typischerweise?

□ die korrekte Verbform

□ ein Komma

□ die Präposition

36. Neue Gruppen – neue Sprache.

>> isch hab voll Schock bekomm!

Was wäre das?

☐ Plattdeutsch

☐ Kiezdeutsch

☐ Kindersprache

37. Verstehst du das? Es ist modernstes Deutsch.

>> Mann der is voll die Missgeburt.

Was fällt dir auf?

☐ klingt toll

☐ ziemlich böse

☐ gar nichts

38. Irgendwie besonderes Deutsch:

>> Gibs gute Gründe.

Was scheint da voll korrektes Standarddeutsch?

☐ Verb und Subjekt verschmelzen

☐ Verb zuerst

☐ der Plural korrekt

39. Da ist eine typische Redeweise drin.

>> Isch mach dich Krankenhaus.

☐ unklar

☐ Präposition fehlt

☐ machen als rudimentäres Verb

40. Verstehst du das? Es sei modernstes Deutsch.
>> Machst du rote Ampel?
□   Hast du die Ampel überfahren?
□   Hältst du vor der roten Ampel?
□   Reparierst du Ampeln?

41. Wieder besonderes Deutsch aus dem Kiez?
>> Lan, ischwör auf meine Mutter er hat so gesag
Was ist das typische Wort?
□   gesag
□   Lan als Anrede
□   Mutter

42. Wir bleiben im Kiez.
>> Ich mach dich Messer
Was kann man sich hier zusammenreimen?
□   Er will ihm irgendwas mit dem Messer antun.
□   Sie braucht ein Messer.
□   Ich gebe dir ein Messer.

43. Bleibt das bestimmten Leuten vorbehalten?
>> Sie is voll die irre Braut, hängt mit ihn so rum.
Was ist es natürlich jetzt?
□   Reindeutsch
□   Kiezdeutsch
□   Undeutsch

44. Wozu war dieser Spruch gut?
>> Mudda kocht für disch.
☐ Versprechen der Mutter
☐ Ausspracheübung für Mutter
☐ Werbung für Lieferando

45. Für die Zukunft könntest du auch selbst
mitwirken.
Du kannst alle ch zu sch machen.
Und du kannst noch einiges weglassen.
Was wäre hier aber ziemlich neu?
Wenigstens als Spruch.
☐ Isch hab so neues Iphone
☐ isch mach disch Gabel
☐ ischwör, war so

46. Das neue Deutsch der Zukunft?
Hier mal paar Tipps, was du da machen könntest:
Du kannst kürzen, weglassen, ersetzen.
Und vielleicht auch eigene Lautung einführen.
Was wäre hier aber ziemlich neu?
☐ nix für nichts
☐ marschen statt marschieren
☐ lassma für lass uns mal

47. Weiter in die Zukunft.
>> maschma hin
Was würde das eher nicht bedeuten?
- ☐ marschier mal da hin
- ☐ mach mal voran
- ☐ lass uns mal dahin marschieren

48. Interessant am Kiezdeutsch ist, dass es interessant ist. Und hochstilisiert wird als neuer Dialekt.
Was wäre denn einzig da für eine Sprache?
- ☐ überschaubare Anzahl von Sprechern
- ☐ eine eigene Grammatik
- ☐ ein Wortschatz sprachüblicher Größe

49. Kiezdeutsch interessiert mancherlei Sprecher.
Welche eher nicht?
- ☐ Sprecher, die sich um das Deutsche sorgen
- ☐ Theoretisch interessierte Linguisten
- ☐ Menschen, die glauben, das sei Deutsch von übermorgen

50. Hier echt für die Zukunft etwas Klingonisch.
>> Narren sterben jung.
- ☐ qanchoHpa' qoH Hegh qoH
- ☐ bItuHlaHbe'chugh bIquvlaHbe'
- ☐ bIjatlh 'e' ylmev. yItlhutlh!

Lösungen

Die Aufgaben (oder Items) sind so gedacht (und gemacht), dass sie immer eine eindeutige Lösung haben. Aber ich gebe zu:
So eindeutig ist die sprachliche Welt nicht.
Also, wenn du nun anderer Meinung bist als ich?
Natürlich kannst du nochmal nachdenken über deine Lösung — und über meine.
Aber eigentlich müssten wir drüber reden. Und das könnten wir auch. Du findest bestimmt eine email-Adresse von mir.
Hoffentlich landest du nicht im Spam.

Lösungen 1

1. Viele konnten noch Latein.
2. due
3. Dussl
4. ein Triell
5. ein Viertell
6. Volksetymologien
7. französische Fischsuppe
8. aus Frankreich
9. aus Frankreich
10. Cappuccino
11. lässig, locker, unge-zwungen
12. gezielt in der Öffentlich-keit verbreiten
13. Zusammenstoß von Autos
14. aus Frankreich
15. Burschoasie
16. Bombenangriff
17. Butelje
18. einen Nasal
19. t wird nicht gesprochen
20. Bullwar
21. Preis- oder Kampf-richterkollegium
22. kunstvoll gebundener Blumenstrauß
23. französisches Spiel: mit Stahlkugeln
24. ein Reporter befragt jemanden
25. zu Mittag essen
26. vorübergehend woh-nen
27. Bukett
28. einen Boom erleben
29. Haschisch-Zigarette
30. Hotelhalle
31. Kalbsleder
32. Bockskaaf
33. protegieren
34. ungebundenes Künst-lerdasein
35. kleine appetitanregen-de Vorspeise
36. balancieren
37. Cajennepfeffer
38. Capriccio
39. Château
40. Dekorateur
41. Deserteur
42. Chianti
43. Kianti
44. Hautevolee
45. -re als Endung
46. ein Chauffeur
47. Bonobo
48. Cowgirl

Lösungen 2

1. um 600
2. Petersilie
3. Kirche
4. Dom < domus
5. schreiben < scribere
6. Fenster < finestrum
7. Zement < cementum
8. mus > mus> maus
9. Muse
10. fruchtbar
11. befruchten
12. zum Lehnwort geworden sein
13. Ross
14. Frau
15. x > y >
16. spanisch cerveza
17. schon vor 800
18. schon vor 800
19. im 17. Jahrhundert
20. Pfister
21. die Nebenbeigeliebte
22. aus Italien
23. schmeicheln
24. es ist eine Art Kiwi
25. sprachliche Schönheit
26. Sinologie
27. Puristen
28. eine Wirtschaftsblockade
29. Hotelbediensteter
30. schneller wirtschaftlicher Aufschwung
31. ein Fahrzeug pachten
32. häufiger Wechsel der Arbeitsstelle
33. Methode: spontan Einfälle sammeln
34. flockiger amerikanischer Gesellschaftstan
35. Undercoveragent
36. Weinbrand
37. cheerio
38. Bypass Operation
39. Bungeejumping
40. Chutney
41. Cheeseburger
42. Chauvinismus
43. Antifeminist
44. zwei
45. Sachwort
46. drei
47. ein Komma
48. Sprachlehre
49. Sexus und Genus werden oft verwechselt
50. V-Wort
51. Inneneinrichtung
52. um Fleisch mit Speck und Zwiebel gefüllt
53. Crêpe
54. Endung auf -e

55. Croissant
56. kurze Liebschaft
57. vornehme Gesellschaft
58. Tageleuchter
59. Gurke
60. Tagvertreiberin
61. Natur
62. bietet auch Sachwissen
63. für Nonnenkloster
64. Diana
65. Venus
66. Anglizismen
67. Kummerwenderin
68. unentschieden
69. mehr 1
70. sich aufblasen wie ein Hahn
71. mehr 2
72. unentschieden
73. Kriegsgeschehen

Lösungen 3

1. Städte mit Fremdnamen umtaufen
2. Kurzwort für High fidelity
3. Generisch oder bold
4. Hohe Klangtreue in der Wiedergabe von Musik etwa
5. Browser
6. Cursor
7. chiavetta
8. Schlüssel
9. acht (weil 8 bits)
10. Navigator
11. Esperanto
12. Computerfreak
13. Cyberspace
14. einkaufen von zu Hause aus
15. Ware zum Abholen
16. Liebesgeschichte
17. modernste Lebensart
18. du rund um die Uhr Hilfe bekommst
19. Kurzwort: Unterhaltung + Information
20. Deadline
21. Man tut es selbst.
22. Leumund
23. Männeken

24. Sexus und Genus werden oft verwechselt

25. Touch

26. ausgehen

27. Es gilt akut Hilfe zu suchen.

28. Das komplexe Syndrom ist schwer zu definieren.

29. wir haben verschiedene Models durchgerechnet

30. Claudia Schiffer das Super Modell

31. bekam den Leumund des ewigen Verlierers

32. wer im eigenen Auftrag böse Wörter verfolgt

33. Mit dem N-Wort redet man nicht über Neger.

34. Die Neger wurden über Jahrhunderte kolonial ausgebeutet.

35. Mit dem N-Wort bezeichnen wir schwarze Menschen aus Afrika, die über Jahrhunderte kolonial ausgebeutet wurden.

36. ok

37. Partly Complete

38. gender

39. genus neutrum

40. soziales Geschlecht

41. Immer zeigen, dass es zwei Sorten Menschen gibt

42. von Menschen: weder männlich noch weiblich

43. das politische Geschlecht

44. öffentlich kund tun, dass man schwul ist

45. Schublade

46. Bremsbacken

47. ein Klavier

48. in Spanien

49. in Schweden

50. Japan

51. ins Türkische

52. eine Weinschorle

53. Schnupftabak

54. ins Spanische

55. nach Brasilien

56. Ramsch

57. Wachtmeister

Lösungen 4

1. Adlige
2. Niederdeutsch
3. Sprache der Gauner
4. Alles Undeutsche
5. Buch der Fahrenden
6. Art deutscher Dialekt, den Juden in ihren Gemeinden sprachen
7. Machulle
8. simple, abgetragene Kleidung
9. verkümmeln
10. geheime Verständigungszeichen der Gauner
11. aus althochdeutsch mos
12. altindisch sastra
13. lateinisch monetae
14. von den Sorben im Osten Deutschlands
15. pinken = klimpern
16. bezahlen
17. ein Handwerksmeister
18. Eingebildeter Kerl (eigentlich Stock)
19. es ist arbeiten
20. Hunger haben
21. heimlich, leise
22. jiddisch "schmiro" = Wache
23. keine Lust haben
24. die Polizei
25. Profit, unredlicher Gewinn
26. reichlich Diebesgut
27. speziell für Geld
28. auskundschaften
29. kein Geld eben
30. Zigeunersprache: "morsch" = Hengst
31. ziemlich viel Geld
32. jiddisch hech supha = Sturmwind
33. die Wache, auch die Polizei
34. Hunger, Gier
35. der Baldower war der Capo
36. Hunger, Gier
37. die Polente
38. rotwelsch Dampf = Hunger
39. ein Bettler
40. ein Handwerksmeister
41. die am Stock gingen
42. ein Umwölkter
43. aus dem Jiddischen
44. Zigeunersprache
45. Profit, unredlicher Gewinn
46. beflissen

47. malochen
48. gestohlenes Gut
49. ungebildete Menschen
50. Klamusk
51. schwere Arbeit
52. unrein
53. Rettung
54. Schachspielen
55. kosen
56. schlimm
57. achilen
58. Masumm
59. dufte
60. Pinte
61. Ische
62. Polyp
63. verkasematucken
64. meschugge
65. Ende gut, alles gut

Lösungen 5

1. ist unsere Zukunft
2. dass sie schlecht versorgt werden
3. liest nicht mehr, hängt dauernd am Handy.
4. Interjektionen
5. um eine Varietät des Deutschen
6. 4 Prozent
7. Ein paar Wörter und einige Redeweisen
8. telefonieren
9. stylish
10. stylisch
11. Sammler
12. Aus der klassischen Literatur
13. wild
14. Chica
15. Stilgefühl
16. Von 12 bis 22
17. Ganz unauffällig.
18. Tussi in teuren Klamotten
19. überwältigend
20. wer ein Techtelmechtel hatte
21. ein Bauer
22. bierernst

23. Fressalien = Esswaren
24. maulschellieren
25. ein Lachanfall
26. Äktschen
27. eine sehr dicke Person
28. große weibliche Brust
29. Suspensorium
30. 3 < 1 < 2
31. ein Antifeminist
32. cool
33. Das war eine sahne Äkschen.
34. der Horst
35. funktionieren
36. im Viertel
37. Automatisch generierter Werbespruch
38. eine kluge Person
39. ein gut aussehender Junge
40. grammatisch entstellt
41. kein Plan
42. total
43. besoffen
44. Bestimmt durch eine kleine Gruppe von Angestellten.
45. Gehört aussortiert.
46. Lan
47. plagiieren
48. 60er Jahre
49. 80er Jahre
50. gut aussehend
51. im Trend sein
52. dreckig und heruntergekommen
53. verrückt, abgefahren
54. ziellos umherfahren
55. Rechtschreibung
56. Dissimilation
57. chillen
58. Corontäne
59. väterlich
60. merkeln

Lösungen 6

1. Italienisch
2. Starkdeutsch
3. Lianesisch
4. Kanaksprach
5. in multiethnischen Vierteln
6. eine Art Pidgin
7. das wäre sehr schlecht für mich
8. keine Schriftsprache
9. das Pronomen ich
10. Fehlendes ist
11. Subjekt fehlt
12. Subjekt weglassen
13. Was schon zu?

Weiter so!

Zeitfracht Medien GmbH
Ferdinand-Jühlke-Straße 7
99095 Erfurt, Deutschland
produktsicherheit@kolibri360.de